Ursula Kessel

über die

Wahrheit

Ursula Kessel

Impressum

Bibliografische Information der Deutschen Nationalbibliothek:
Die Deutsche Nationalbibliothek verzeichnet diese Publikation in der Deutschen Nationalbibliografie; detaillierte bibliografische Daten sind im Internet über http://dnb.dnb.de abrufbar.

© 2021 Ursula Kessel, Lübeck

Illustration/ Titelbild: Reinhard Kessel

Herstellung und Verlag: BoD – Books on Demand, Norderstedt

ISBN: 978-3-7392-0781-0

Für

Renate Schinze

meine liebe Freundin

und vertraute Knotenlöserin

Inhaltsverzeichnis

- Inhaltsverzeichnis I
- Einleitung 2
  - Eine kleine Anekdote 6
- Wahrheit 8
  - Weltanschauungen, Zusammenhänge in Überlieferungen 8
  - Zum Alten Testament: Hebräische Überlieferung 10
  - 1-40-400 = Emeth = Wahrheit / Interpretation Teil 1 14
  - 1 - 40 - 400 Ursprung – Zeit – Ewigkeit / Interpretation Teil 2 15
    - 1 - Aspekte des Ursprungs / Vergangenheit 16
    - 1 - Ur-Grund im Dao – Wúji 18
    - 40 - Aspekte der Zeit / Gegenwart 22
    - 400 - Aspekte der Ewigkeit / Zukunft 31
  - Zum Neuen Testament, ... 34
    - Worte Jesu zur Wahrheit - 36
    - Jesus und Pilatus 36
    - „Worte des Rabbi Jeschu" Rekonstruktion durch Günther Schwarz 39
    - Dualität in der Theologie / Gut und Böse 43
  - Naturwissenschaft 45

Dualität in der Wissenschaft 45

Welle-Teilchen-Dualismus / Ursprung im On 47

Quantenphysik 49

Ich glaube, weil ich denke – Wissenschaft und Theologie 62

Individuelle Wahrheit 67

Eine kleine Erläuterung zum Thema Familienaufstellung 68

Traum 1 73

Vergangenheit und Zukunft (Zeit) 73

Ursprung 77

Traum 2 80

Ewigkeit 82

Körperliche Wahrheit 85

Kunst als Ausdruck – ein anderer Weg der Erkenntnis 87

Schlusswort 105

Dank 107

Redaktioneller Nachtrag: 108

Literaturverzeichnis 110

Einleitung

Was braucht's als Einleitung? Niemand hat die Wahrheit, aber vermutlich sucht sie jeder. Können wir ein Ergebnis dieser Suche erwarten? Auch wenn das wohl nicht der Fall ist: Lassen Sie uns trotzdem die Wahrheit suchen. Eine Wahrheit, unsere eigene Wahrheit.

Philosophische und theologische Grundlagenerwägungen sind von mir hier ebenso wenig beabsichtigt wie ein fachlicher Diskurs über Quantenphysik. Ja, was dann? Mein Anliegen ist, ein allgemeineres Verständnis für die Verbindungslinien zwischen den Disziplinen zu vermitteln. Ich meine, dass Wahrheit irgendwo zwischen dem individuellen Verständnis von Wahrheit, den philosophischen und theologischen Näherungsversuchen und den physikalischen – insbesondere den aktuellen quantenphysikalischen – Grundlagen zu finden ist. Und Wahrheit hat definitiv mit Sprache, auch mit Mathematik und Musik zu tun.

Ganz schön viel für ein paar Seiten Papier... aber ich nehme ja auch nicht in Anspruch, das ganz große Problem lösen zu können. Ein paar neue Denkanstöße für die Leserschaft, das wäre doch auch schon etwas. Und davon, so meine ich, gibt es einige, die nicht nur zum Denken sondern auch zu Diskussionen Anstoß geben können.

Aber zur Wahrheits*findung* soll an dieser Stelle auch etwas gesagt werden:

Es ist doch nicht zu übersehen, dass beispielsweise politische Wahrheiten etwas sehr Unterschiedliches zur justiziellen Wahrheit sind. Was in der Politik für wahr gehalten und propagiert wird, muss nicht zu dem Bestreben nach Wahrheitsfindung in der Justiz passen. In der Politik beanspruchen Mehrheiten oder schlimmstenfalls Diktatoren, die Wahrheit für unsere Lebensumstände gefunden und für richtig gehalten zu haben.

Die Wahrheitsfindung in der Justiz wird auf der Grundlage von Gesetzen, die teilweise mit genormten Vermutungen und sogar Fiktionen arbeiten, im Prinzip grundsätzlich auf einem prozessualen Weg gefunden. Das Urteil in der Justiz basiert auf einer auf diesem Weg gefundenen Wahrheit. Sie gilt etwa nach Erschöpfung des Rechtsweges als gültig.

Schon diese Merkmale der unterschiedlichen Wahrheitsfindungen und Beanspruchungen zeigen die schillernde Vielfalt dessen, was wahr sein könnte.

Eine kleine Anekdote

Die Schriftzeichen אמת bedeuten in der hebräischen Sprache Emeth, was in unserer Sprache ungefähr so viel wie Wahrheit, Wirklichkeit heißt. Da ich die hebräische Schrift nicht gelernt habe, wollte ich es mir einfach machen und die technischen Möglichkeiten meines Computers nutzen. Also kam ich auf die zugegebenermaßen etwas seltsame Idee, die Schriftzeichen אמת einfach durch ein geeignetes Programm konvertieren, also übersetzen zu lassen.

Ergebnis des Programmeinsatzes: n i x – ich nehme es nicht symbolisch, denn erst einmal ist es optisch nachvollziehbar. Dass das Wort Wahrheit nicht einfach unter NIX eliminiert werden kann, dürfen wir durchaus voraussetzen – oder?

Wir können aber auch interpretieren: DIE WAHRHEIT IST IM NICHTS!

Und dabei wären wir schon bei einer tiefgehenden philosophischen Aussage, der nachzugehen in einer Einleitung viel zu weit gehen würde.

Wahrheit

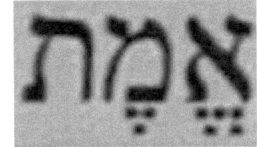

Weltanschauungen, Zusammenhänge in Überlieferungen

Wahrheit – was ist das? Wer kennt sie? Alle oder niemand? Ist Wahrheit etwas vollkommen Subjektives, etwas objektiv Definierbares oder vielleicht nur eine Illusion?

Seit ich mich intensiv mit Fragen von Raum und Zeit, Quantenphysik, Urknall, Glaubensfragen und all den Zweifeln befasse, die vielleicht viele, ganz viele von uns heutigen Menschen bewegen, stelle ich fest, dass etliche der alten Quellen Ähnlichkeiten aufweisen. Wie ein roter Faden ziehen sich sehr ähnliche spirituelle Konzepte von Geist und Ursprung der Welt(en) durch Geschichten und Geschichte unserer Erde, durch Ost und West. Griechische Philosophen, fernöstliche Traditionen wie beispielsweise Yoga und Zen sind auf gleicher Spur zu finden wie die Hebräer des Alten Testaments und der große Christliche Mystiker Meister Eckhart. Ich vermute, dass diese großen Zusammenhänge ihren Ursprung darin haben, dass Menschen Erkenntnismöglichkeiten haben, die sie gleichermaßen zu grundlegenden Wahrheiten führen können. Wie auch immer es funktionieren mag, will ich hier nicht zu erhellen versuchen.

Da also meiner Meinung nach das alles irgendwie mit Wahrheit zu tun hat, möchte ich ein paar wenige Aspekte beispielhaft im Folgenden beleuchten. Dabei werde ich einen fließenden Übergang zwischen den Kulturkreisen wagen.

Um dem auf den Grund zu gehen, fangen wir einmal ganz vorne an, am Anfang gewissermaßen. Es bleibt aber ein schwieriges Unterfangen, denn – wie sagt man so schön: die Wahrheit hat niemand gepachtet.

Zuerst geht es um das Wort. Am Anfang war das WORT.

Zum Alten Testament: Hebräische Überlieferung

Nach dem deutsch-hebräischen Online-Wörterbuch[1] besagt das Wort

Wahrheit = אמת (ausgesprochen: 'Emet)

„Übereinstimmung mit der Wirklichkeit, einer Tatsache, einem Sachverhalt oder einer als normativ als richtig ausgezeichneten Auffassung.

Das, was der Wirklichkeit entspricht."

Diese Definition entspricht dem, was wir heute üblicherweise für Wahrheit halten. Wobei ich schon hier anmerken möchte, dass es interessant ist, Wahrheit und Wirklichkeit gleich zu setzen, denn da sehe ich durchaus Unterschiede. Dazu aber später.

---

[1] https://de.glosbe.com/de/he/Wahrheit, (14.01.2019)

Um der ursprünglichen Bedeutung des hebräischen Wortes אמת (Emeth) auf die Spur zu kommen, hilft eine genauere Analyse der Schreibweise:

Es besteht, von rechts nach links gelesen, wie es im Hebräischen geschieht, aus

א, Zahlenwert 1, Symbolwert Ursprung,

מ, Zahlenwert 40, Symbolwert Zeit,

ת, Zahlenwert 400, Symbolwert Ewigkeit[2]

Spüren wir diesen Zahlenwerten nach, bringt uns Friedrich Weinreb weiter. Es ist anfangs etwas schwierig, weil die Denkweise abstrakt ist. Es genügen aber einige wenige notwendige Sprünge, um in eine Vorstellungswelt einzutauchen, die später auch Verbindungen zu fernöstlichen Philosophien aufzeigen kann.

---

[2] Spätere Bedeutung: Kreuz

Friedrich Weinreb stellt in seinem Buch „Der göttliche Bauplan der Welt, *der Sinn der Bibel nach der ältesten jüdischen Überlieferung*" dar, dass die Zahl <Eins> der Ursprung der Zahlen ist, sie ist die Ein-heit und repräsentiert „eine Welt, außerhalb welcher nichts besteht, da Alles, buchstäblich Alles in ihr enthalten ist (auch die anderen Zahlen). Der Begriff <Zwei> ist daher *in der Welt*[3] *der <Eins>* unmöglich." Teilt sich die Eins, entsteht die <Zwei>, die <u>eine neue, eine andere Welt</u> ist. Aus der Einheit ist die Viel-heit geworden. Eine der Folgen aus der Existenz der <Zwei> ist, dass dadurch, dass sie mit sich selbst in Beziehung treten kann, also durch Potenzierung der <Zwei>, 2^2, die <Vier> entsteht. Mit dem Entstehen der <Zwei> wird also nicht nur die <Drei> möglich (durch Addition) sondern auch die <Vier>, die lt. Weinreb das Ende des Zyklus der Schöpfungsgeschichte bezeichnet.[4] „Was nachher folgt, ist nur noch Abwandlung und Wiederholung. In der Welt des Dualismus, der Zwei-heit, ist der Begriff <Vier> die am weitesten entfernte Möglichkeit[5]". Das Anfügen von einer Null oder zwei Nullen, also Zehner oder Hunderter gibt in dieser Überlieferung „nur bestimmte Nuancen an, welche man sich als <dasselbe Ding auf einer anderen Ebene> vorstellen kann"[6].

---

[3] Hervorhebungen durch die Autorin
[4] (wir könnten es auch als eine Mathematik der Paarung betrachten)
[5] (Weinreb 1978), S. 36
[6] (Weinreb 1978), S. 51

Die schriftliche Überlieferung wird im jüdischen Kulturkreis so ernst genommen, dass es nicht zulässig ist, nur „ein Jota" an der Schreibweise zu verändern, da dadurch unweigerlich der gesamte Sinn der biblischen Worte, der sich in der Zahlensymbolik äußert, verändert werden würde.

Wir sollten also den Respekt des Judentums vor der buchstabengetreuen Übertragung der Thora bzw. des Alten Testaments anerkennen – was allerdings nicht davor schützt, dass heutige Interpreten des Textes im Kontext des heutigen Lebens der Überlieferung einen anderen Sinn zuschreiben. Die Abweichungen im Umgang mit überlieferten Texten sorgen heute immer wieder weltweit für schwerwiegende politische Konflikte.

1-40-400 = Emeth = Wahrheit / Interpretation Teil 1

Ursprung, Zeit und Ewigkeit gehören zusammen, um das Wort Wahrheit zu bilden. Es handelt sich dabei um die andere – höhere – Ebene von

1-4-40 = Mensch.

Nimmt man von der Formel für Wahrheit (1-40-400 = emeth) die 1 (E) weg, bleibt als Bedeutung übrig:

40-400 = meth = Toter oder tot

Ohne Ursprung in der Ein-heit kein Leben in Zeit und Ewigkeit.

Ohne die Ein-Heit haben Zeit und Ewigkeit keinen Sinn, denn es gibt keinen Ursprung, für nichts, auch nicht für den Menschen – es bleibt nur Totes. Das ist meine Interpretation in diesem Fall.

1 - 40 - 400 Ursprung – Zeit – Ewigkeit / Interpretation Teil 2

In einer fernöstlichen Überlieferung, dem chinesischen DAO = Weg, Sinn, sind Parallelen erkennbar zu den Bedeutungen der Zahlenwerte in den ältesten hebräischen Überlieferungen,

Mich interessiert sehr, wie es bei den grundlegenden Unterschieden zwischen den beiden genannten Weltanschauungen zu den annähernd gleichen Erklärungen für den Ursprung von Kosmos und Leben gekommen sein kann. Ich gehe nicht davon aus, dass frühzeitliche Menschen eine intellektuell-theoretische Basis für ihre Welterklärung entwickelt haben, die sich bei weiterer Verbreitung der Menschen auf der Erde regional geringfügig verändert hat.

Sind diese Erkenntnisse ein „Urwissen" der Menschen? Steckt dahinter eine „höhere Wahrheit"? Wie kommt Erkenntnis zustande?

1 - Aspekte des Ursprungs / Vergangenheit

1 – Ein-heit = All-es: Alles ist der Ursprung der Menschen. Unsere Vergangenheit ist die ganze Schöpfungsgeschichte. Alles von Beginn an: ob wir nun an den Urknall glauben oder an andere Mythen, in jeder Geschichte geht die Entstehung des Menschen zurück auf das Allererste. Niemand, nicht einer von uns kann sich daraus lösen, mit allem zusammen entstanden zu sein. Die Vergangenheit des Universums ist unsere gemeinsame Vergangenheit, wir bestehen wahrlich aus Sternenstaub! Und wir sind mit Allem und Jedem verbunden – untrennbar verbunden, solange wir Teil der materiellen Welt sind.

Im Normalfall überblicken wir unsere familiäre Geschichte. Auch da stellt sich häufig die Frage nach der Wahrheit: wer waren unsere Ahnen? Wie weit zurück können wir mit Sicherheit unsere Herkunft feststellen? Gen-Analysen versprechen heute weitreichende Feststellungen. Haben wir genetische Anteile aus Italien, stammen unsere Vorfahren womöglich aus Asien oder Afrika? Schön zu wissen, aber was nützt uns das wirklich? Menschen haben seit eh und je das Bestreben, immer mehr zu wissen und ihr Wissen immer weiter auszudehnen. Aber: wenn wir alle wirklich realisieren würden, wenn wir begreifen würden, dass wir eine Familie sind, dass wir alle eine gemeinsame Vergangenheit und eine gemeinsame Verantwortung für unseren Lebensraum und unsere globalen Nachbarn haben, ja, dann wäre viel erreicht, viel erreichbar! Gen-Analysen sind dazu nicht notwendig.

Was ist die Wahrheit in unserer Vergangenheit?

Unsere individuelle Wahrheit finden wir oft in unserer persönlichen Lebensgeschichte, in unserer Vergangenheit. Wenn wir aber der Tatsache ins Auge sehen, wie unterschiedlich die Ansichten zu unserer Vergangenheit schon in unserer nächsten Verwandtschaft sind, stellt sich mir die Frage: wer von uns erinnert die eigentliche, die eine Wahrheit? Diese Frage ist oft genug Ursache von Zank und Streit. Ist es nicht eher so, dass jeder Mensch seine eigene ganz subjektive Wahrheit hat? Und in der Erinnerung an vergangene Gegenwart verändert sich diese subjektive Wahrheit im Laufe der Zeit auch noch … Es scheint eine geradezu unendliche Vielzahl von Wahrheiten zu geben. Gibt es also die eine einzige Wahrheit? Vielleicht besteht die eine, die einzige Wahrheit aus all' den vielen kleinen Wahrheiten, aus allen Gegenwarten aller Zeit, aus allen Ereignissen, aus allen Erinnerungen. Damit wäre die „große" Wahrheit die Ewigkeit, die *alle Zeit* beinhaltet – Vergangenheit, Gegenwart und Zukunft der materiellen Welt. Aber ist das *Alles*? Können wir „Ewigkeit" aus rein materiellem Ursprung denken? Fehlt da nicht etwas? „steckt" in der Ewigkeit der Geist? Und wenn ja: Wo?

… Ewigkeit, Geist, gibt es Wege zur Wahrheit?

1 - Ur-Grund im Dao – Wúji

Die folgenden Zitate aus Wikipedia[7] lassen erkennen, dass in frühen Erkenntnissen regionaler Bevölkerungsgruppen – hier im Vergleich: Fernost und Nahost - zum Aufbau bzw. Zusammenhang des Universums durchaus große Ähnlichkeiten zu finden sind. So ist das Wúji O durchaus dem א = Zahlenwert 1, Symbolwert Ursprung, im Hebräischen vergleichbar.

„**Wuji** oder **Wúji** (chinesisch 無極 / 无极)) ist ein Begriff aus der chinesischen Philosophie. Er ist übersetzbar mit „Unendliches", „Gipfel des Nichts" oder das „Nicht-Höchste". Wúji kann als Beschreibung eines undifferenzierten Zustands des Universums aufgefasst werden, der reine Potentialität darstellt, noch keine voneinander unterschiedenen Objekte enthält und zugleich Ursprung aller Objekte ist. Wuji verweist also auf einen gestaltlosen Ur-Grund, zu dem alles auch wieder zurückkehrt. Wuji ist unsichtbar, unbedingt, grenzenlos, eigenschaftslos und unfassbar.

---

[7] //de.wikipedia.org/wiki/Taiji_(chinesische_Philosophie) und //de.wikipedia.org/wiki/Wuji, Zugriff 06.05.2019

[8]

In seiner undifferenzierten Absolutheit ist das Nicht-Höchste zugleich die höchste Leerheit, die schon vor allem Seienden[9] da war. Das *Wu* (das Nichts) geht allem Seienden (*You*) als metaphysische Ebene voraus, denn das Seiende nimmt seinen Anfang notwendig im Nichts. Letztlich kann alles auf das Wuji zurückgeführt werden: Es entstehen die fünf Wandlungsphasen Wasser, Feuer, Holz, Metall und Erde im Wandel von Yin und Yang. Yin und Yang sind eins in Taiji, dem Allerhöchsten. Dabei ist Taiji ein undifferenziertes strukturierendes Prinzip, das prägt. Das Taiji ist die Ursprungskraft aller kosmischen Manifestationen, die aus der Leerheit des Wuji hervortritt. Wuji ist dem Taiji vorangestellt. Taiji wurzelt im Wuji, dem Gipfel des Nichts. **Wuji er Taiji** ist der Einheitsgedanke in der ewig sich wandelnden Vielfalt, das unteilbare Eine in der sich verändernden Differenziertheit.

---

[8] Von Zenwhat (talk) 03:03, 13 January 2008 (UTC) - Taken from an image on Wikimedia found here, CC BY-SA, 3.0, https://commons.wikimedia.org/w/index.php?curid=3590962 Zugriff 06.05.2019
[9] Der Begriff „das Seiende" entspricht unserer materiellen Realität.

Aus dem **EINEN**, der leeren Ganzheit (Wuji), entsteht durch Teilung also die **<2>**. **Aus der Einheit ist die Viel-heit =** die Ganzheit der mannigfaltigen Dinge - s.o.- **geworden.** In diesem Symbol sehen wir dieselbe Struktur wie im Wort Emeth. Es ist die bildhafte Form derselben Aussage: der leere Kreis als <1>, das Ganze, beinhaltet die <2>, die **Zwei-heit**, die neue andere Welt der **Viel-heit**, die wiederum die symbolhaften Punkte für die <4> beinhaltet. Auch dies ist bildhafte Entsprechung des Wortes Emeth, denn die <4> beinhaltet auch hier die ganze Schöpfung. Das Prinzip Yin und Yang beinhaltet das Getrennte im **EINEN**. Es ist der ***Schöpfungs-Prozess*** als Ganzes.

Das, was DA ist, ändert sich ständig, der Schöpfungsprozess ist nicht zuende - es ist noch nicht *ausgeschöpft*. (Wir können die Punkte auch als „Keime" betrachten.)

Folglich: WORT – ZAHL – BILD als komplette Symbolik dessen, was DA ist.

---

[10] Von Gregory Maxwell - From Image:Yin_yang.png, converted to SVG by Gregory Maxwell, Gemeinfrei, https://commons.wikimedia.org/w/index.php?curid=364239, Zugriff 06.05.2019

Die Dantian[11] Theorie bezieht sich mit der vergleichbaren Formulierung sogar direkt auf die Energiezentren im Menschen: „Es ist eine numerologische Betrachtung der Welt, die bei Laozi (Lao-Tse[12]) mit den Worten beschrieben wird: ‚Der Sinn [das Dao, auch: der Weg] erzeugt die Eins. Die Eins erzeugt die Zwei. Die Zwei erzeugt die Drei. Die Drei erzeugt alle Dinge. Alle Dinge haben im Rücken das Dunkle und streben nach dem Licht, und die strömende Kraft gibt ihnen Harmonie' ". Diese Beschreibung beinhaltet mit dem Dao, dem Sinn, den undifferenzierten Zustand des Ursprungs.

Die Darstellung des Schöpfungsprozesses als Ganzes in Form von Wort, Zahl und Bild in Übereinstimmung in mehreren Kulturkreisen als komplexe und komplette Symbolik dessen, was DA ist, des kompletten SEINS ist für mich ebenso überraschend wie wunderschön und der Kern dessen, was für mich Wahrheit bedeutet. Aber das ist bei weitem noch nicht alles.

---

[11] https://taiji-forum.de/qigong/san-bao-die-drei-schaetze-im-menschen-jing-qi-und-shen/, Zugriff 13.05.2019
[12] Erl. d. Verf.

40 - Aspekte der Zeit / Gegenwart

Welche Frage nach der Wahrheit stellt sich uns in der Gegenwart? Ich meine, dass es eine Frage der Verantwortung ist – eine Frage unserer Verantwortung für die Welt, in der wir leben, nach unserem Umgang mit der Welt, die uns gegeben ist. In welchem Geist stellen wir uns den materiellen Gegebenheiten?

1-4-40 = der Mensch, dessen Ursprung das Eine / der Eine (1) ist, als Endpunkt der Schöpfungsgeschichte (4) gesehen, lebt in der Zeit (40). Unser Ursprung ist die Eins. Sie hat sich in zwei Welten geteilt: eine des Geistes und eine der Materie. Wir kommen aus der Ein-heit, dem All-Umfassenden, und durchleben unsere Gegenwart in der durch Teilung entstandenen materiellen Welt, auf der Erde, aus der wir auch sind.

Auch dies ist Wahrheit: das Bild, das uns die Bibel vermittelt, ist zwar „nur" eine Metapher, wenn es davon spricht, dass Gott uns aus einem Klumpen Lehm geformt hätte. Aber Tatsache ist, dass wir Menschen wie alle Lebewesen, wie alle Wesen, die die biologischen Naturwissenschaften untersuchen, aus denselben Grundstoffen entstanden sind: sicher sehr kurz und knapp und laienhaft formuliert: Wasserstoff und Mineralien, angeregt durch die Kraft der Sonne. Wir alle gehören demselben Stoffwechsel an, dem unser materieller Anteil nicht entrinnen kann.

4 – Endpunkt der Schöpfungsgeschichte

Der Mensch sieht sich gerne als Krone der Schöpfung. Es gibt Argumente, die dafür sprechen. So z.B. die Tatsache, dass wir Menschen als einzige Lebewesen in der Lage sind, die Erde selbst in revolutionärer Weise zu verändern – bis hin zu ihrer Zerstörung. Und alles, was wir geschaffen haben, kommt aus der Erde, unserem Heimatplaneten. Das sind nicht nur Neuzüchtungen von Pflanzen, modifizierte Tiere und umprogrammierte Bakterien – ein Beispiel: Insulin glulisin wird für medizinische Zwecke erzeugt, indem die DNA von Escherichia coli-Bakterien gentechnisch verändert wird. Bakterien werden zu Insulin-Produzenten. Unterschiedlichste Werkstoffe, Kunststoffe, hoch spezifische Materialien, Computertechnik, Flugzeuge, Satelliten etc. entstammen letztlich unserer Erdkruste, dem Meer und auch der Luft, die wir atmen. Wissenschaftler haben das Universum analytisch in seine Einzelteile zerlegt und können sie in anderer Zusammensetzung chemisch neu gestalten. Naturwissenschaftler haben die Elementarteilchen so weit gehend analysiert, dass es fast keine Geheimnisse mehr gibt. Aber: was das Werden in Gang setzt, wissen wir nicht. Im Wortsinn sind wir der biblischen Anweisung gefolgt: Macht euch die Erde untertan! Fressen und Gefressen-Werden gehört zum vollkommenen natürlichen Stoffwechsel auf der Erde. Menschen verstehen sich vielfach als Krone der Schöpfung, und wir sehen zunehmend die Ergebnisse dieses Selbstverständnisses. Sollen wir nicht eher der GUTE HIRTE sein? *Auch - oder gerade! - wenn wir die Baupläne der Materie verstehen.* Solange wir nicht einmal beurteilen können, welche Spät- bzw. Neben-Wirkungen unsere Erfindungen haben können, wissen wir immer noch zu wenig und gehen immer wieder große Risiken ein. Jeder Eingriff in die Zusammenhänge unserer irdischen Sphäre nimmt in noch nicht bekannter Weise Einfluss auf die Welt. Die Schöpfung ist noch nicht am Ende.

Gerade, weil wir sehen, in welcher rasanten Geschwindigkeit sich die von uns angestoßenen Entwicklungen beschleunigen, sollten wir umso vorsichtiger damit umgehen. Auch die KI (Künstliche Intelligenz) ist menschen-gemacht, und keiner ihrer menschlichen Schöpfer weiß heute, was die selbstlernenden Programme uns eines Tages bieten werden.

Wahr ist: wir erwarten zu viel von diesen neuen Techniken, einfach, weil sie uns von vielen Problemen zu befreien scheinen, auch von solchen, die wir uns selbst eingebrockt haben. Wir sehnen uns nach sorglosem Leben, nach dem guten alten Paradies, das es nicht mehr gibt. Auch die viel beschworenen „guten alten Zeiten" hat es so nicht gegeben.

Wir sind mitten in der Schöpfung. Wir alle nehmen teil. Teilnahme ist gefragt. Anteilnahme ist Not-wendig.

40 - Zeit

Kosmologisch betrachtet leben wir in der Raum-Zeit, also in einem Raum, der gebunden ist an Zeit und geprägt durch Zeit. Was aber ist Zeit? Grundstruktur der Materie ist Bewegung – um Atomkerne bewegen sich Elektronen, um Sterne kreisen Planeten, Universen kreisen, um nur die einleuchtendsten Beispiele zu nennen. Die Materie, das All ist ständig in Bewegung, und dadurch wird Zeit erfahrbar. Wir alle empfinden aber unsere Zeit sehr unterschiedlich – was ist die Wahrheit? Eine Art der Wahrheit über die Zeit haben wir selbst erfunden: die Uhrzeit. Sie bestimmt den Takt der Zeit auf der Erde, und sie ist ein wichtiges Hilfsmittel, um unser Leben zu ordnen: in Vergangenheit, Gegenwart und Zukunft. Die Wahrheit der Uhren aber gilt nur auf dem kleinen Areal Erde. Uhren bestimmen den Takt, der unser Miteinander regelt, nicht aber den Rhythmus, der subjektiv in jedem Fall ein anderer ist und sein wird, denn wir alle sind einzigartig und empfinden individuell. Objektive Auswirkungen auf den Gang der Uhren können wir bereits in den äußeren Bereichen unserer Erdatmosphäre beobachten: die Zeitdilatation und die gravitative Zeitdilatation – im Verhältnis zu einer Uhr auf der Erdoberfläche wird die Zeit umso stärker gedehnt, je weiter die Uhr von der Erdoberfläche entfernt ist. Konkret beschrieben hat dies Albert Einstein in seinen Relativitätstheorien. Unsere kosmische Heimat im Universum unterscheidet sich so grundlegend von dem unermesslich weiten Raum, der uns umgibt, dass wir unsere zeitlichen Maßstäbe an nichts anderes anlegen können. Schon der Versuch der Übertragung unserer Maßstäbe auf anderes Leben auf unserem Planeten ist alles andere als einfach: die Lebensrhythmen von Insekten – zum Beispiel – können wir uns nur schwer vorstellen. Die Entwicklungszyklen vom Ei über die Larve und die Puppe zum Käfer, mit dem eine neue Generation gegründet werden kann, entziehen sich unserer Vorstellung von individueller Zeit. Was weiß das Ei von der Larve? Was erlebt eine Puppe, die mehrere Jahre in der Erde ruht? Hat der Maikäfer noch eine Vorstellung davon, dass er einmal eine Larve war?

Manchmal sieht man die Dinge besser, wenn man sie aus der Distanz betrachtet. Besuchen Sie ein großes Planetarium und schauen Sie einen 3D-Filmvortrag an, in dem die Dimensionen und Fakten des Universums, in dem wir leben, gezeigt und erläutert werden. Glauben Sie mir: es ist umwerfend schön! Die Sterne fliegen Ihnen wahrhaft um die Ohren, und nach dem Erlebnis ist Ihnen bewusst, wie wunderschön und bewahrenswert unser kleiner blauer Planet Erde ist. Und plötzlich sehen wir den Maikäfer – wenn wir denn überhaupt noch einen zu Gesicht bekommen! – mit anderen Augen an und haben eine unbändige Freude an Wäldern, Meeren, Feldern und dem Sternenhimmel.

Und die Zeit für die Wahr-Nehmung der Schönheit dieser Dinge wird wieder wertvoller als die Uhrzeit, die uns zu unserem nächsten Ziel treibt.

Gegenwart und imaginäre Zeit

Alles, was *in der Zeit ist*, hat eine Gegenwart. Es ist schwierig zu definieren, was mit dem Wort Gegenwart gemeint ist. Oft ist damit eine unbestimmte Periode gemeint: zum Beispiel können wir sagen, dass es *gegenwärtige* Trends gibt oder dass „unsere Gegenwart von etwas bestimmt sei". Auch *meine* individuelle Gegenwart bezieht sich häufig auf einen relativ kurzen Zeitraum, es kann ein Tag sein, eine Stunde, ein Monat. Es ist also immer noch ein *unbestimmter* Zeit-Raum.

Fließendes Jetzt

Wenn wir uns allerdings über das Jetzt unterhalten, wird es sehr präzise: mit JETZT ist immer ein ganz kurzer Moment gemeint, der schon vorbei ist, wenn wir versuchen, ihn festzuhalten. JETZT ist – präzise gedacht – eine Quantisierung von Zeit, nämlich eine Abfolge der kurzen Momente, die wir Einen nach dem Anderen erleben. Diese Quantisierung von Zeit ist eine Aufteilung der Zeit in ihre kürzesten Teilchen, so wie Licht ebenfalls in seine kleinsten Teilchen – die Photonen – aufgeteilt wird. Licht ist Welle *und* Teilchen. Ist die Wahrheit des JETZT also auch „Welle und Teilchen" der zeitlichen Dauer? Ist die Raum-Zeit eine Definition für die ganzheitliche Dimension von Raum und Zeit, also – salopp formuliert – das „Große und Ganze", während das kleinste Quantum von Raum-Zeit das JETZT ist? Dann wäre die Wahrheit dieses Begriffes „Jetzt" ein Erleben, das konkret an Materie, nämlich den materiellen Raum gebunden ist. Das würde bedeuten, dass einem materiellen Quant in Bewegung die kleinste zeitliche Einheit zugeordnet ist. Dieses JETZT in der Bewegung des Raumes nenne ich *„fließendes Jetzt"*.

Stehendes Jetzt

Nun wird es allerdings wirklich spannend: es gibt nämlich – wieder einmal – zwei Möglichkeiten. Die erste ist etwas, das von vielen Menschen, die *etwas sehr intensiv tun*, erlebt und beschrieben wird. Es ist der sogenannte Flow. Beispielsweise beschreiben Musiker ihren Flow als „Eins-Sein mit der Musik", auch als „gemeinsam aus der Realität[13] treten" oder „im Moment sein"[14]. Auch Hochleistungssportler kennen entscheidende Veränderungen von Zeitabläufen. Es ist gewissermaßen eine „Zeitlupe", in der sie *jeden Moment sehr langsam erleben*. Das Publikum im Konzert oder im Sportstadion bemerkt nichts davon – es bewundert nur, in welcher Präzision bzw. hoher Geschwindigkeit Dinge geschehen und unter absoluter Kontrolle gehalten werden können. Ich denke, jeder von uns hat es einmal erlebt, dass „die Zeit stillsteht", was auch häufig mit lebensgefährlichen Umständen zusammen hängen kann. Ich

---

[13] Die 'Realität' ist der Inbegriff aller beobachtbaren Dinge und Sachverhalte, also materiell.
[14] Zitat Wolfgang Michel in der ZEIT vom 04. April 2019, Seite 58: „Wie es wirklich ist, ein Orchester zu dirigieren." Auch Janine Jansen sprach in einem Interview mit Julia Westlake in 3SAT in der Pause des SHMF-Eröffnungskonzertes am 07.07.2019 davon, dass „die Zeit stillsteht".

selbst habe einmal erlebt, dass mir auf schneller Autobahnfahrt von einem vor mir fahrenden LKW ein kleines Metallplättchen in die Frontscheibe flog. Das Durchschlagen der Scheibe, und wie sie sich in lauter kleinste Stückchen zerteilte und mir „um die Ohren flog", habe ich in absoluter Zeitlupe erlebt und konnte deshalb kontrolliert reagieren, bis ich sicher nach rechts durch den dichten Verkehr auf dem Standstreifen anhalten konnte. Es scheint also sowohl ein gemeinsames Glücksempfinden, extremer Stress oder Rettung aus großer Not mit diesem besonderen JETZT verbunden zu sein.

Die zweite Definition bezieht sich auf wissenschaftliche Theorien: im Zusammenhang mit Überlegungen zum Anfang des Universums und zu Grenzen von Raum und Zeit haben Mathematiker das *„Konzept der imaginären Zeit"* entwickelt. Wie Stephen Hawking[15] schreibt, hat es nichts mit unserer Erfahrung der realen Zeit zu tun und sei vielmehr ein mathematischer Kunstgriff, der Berechnungen ermöglicht und die „echte" Zeit unserer Erfahrung ersetzt. Dieser sog. Kunstgriff macht die Zeit t durch Vorzeichen-Umkehr (aus Plus wurde Minus) imaginär, wodurch sie von einer „eigenständigen Dimension" reduziert wurde auf eine Eigenschaft (Bewegung) des Raumes. Hawking hat diese mathematische Methode verwendet, um eine grenzenlose Raumzeit (die „Keine-Grenzen-Bedingung") zu begründen.

---

[15] (Hawking 2018), S. 80

Diese kleine Schrift soll allerdings keine theoretische Abhandlung über quantenphysikalisch-mathematische Verfahren sein, das würde zu weit führen. Aber ich möchte mit diesem kurzen Ausflug in die Wissenschaft begründen, warum ich die „imaginäre" Zeit als *„Stehendes Jetzt"* bezeichne.

Auch ich verstehe Zeit als Eigenschaft des Raumes = Bewegung der Materie, was übrigens schon durch den Kirchenvater Augustinus so gesehen wurde. Er sagte: „Ich messe die Zeit … Aber ich messe nicht die Zukunft, denn diese ist ja noch nicht, ich messe auch nicht die Gegenwart, denn sie hat keine Ausdehnung im Raume […], ich messe auch nicht die Vergangenheit, denn sie ist nicht mehr. Was also messe ich? Etwa vorübergehende, nicht vorübergegangene Zeiten?"[16] Wenn er diese Frage stellt: „Messe ich etwa vorübergehende …Zeiten?" und davon ausgeht, dass es sich nicht um eine Ausdehnung des Raumes handelt, kann es sich bei dem Vorübergehenden meiner Meinung nur um sich bewegende Materie handeln.

---

[16] Augustinus Aurelius (354 - 430), Bischof von Hippo, Philosoph, Kirchenvater und Heiliger, Quelle: Augustinus, Bekenntnisse (Confessiones), 397-401. XI, 26. Aus dem Lateinischen übers. von Dr. Alfred Hofmann (Bibliothek der Kirchenväter, 1. Reihe, Band 18; Augustinus Band VII) München 1914

400 - Aspekte der Ewigkeit / Zukunft

400 – wenn 40 die Zeit repräsentiert und 400 die höhere Ebene der Zeit ist: ist die 400 vielleicht das Ende der Zeit? „Zeitlos und immer" ist heute eine gängige Definition von Ewigkeit. Aber was heißt das? Was ist maximale Zeit, wenn andererseits von zeitlos die Rede ist? Vielleicht doch alle Zeit der materiellen Welt? Zeit ist verbunden mit Materie, also kann sie nichts anderes sein, oder? Bisher wird Zeit neben den 3 Raumdimensionen als 4. Dimension begriffen. Ich bin der Auffassung, dass die Zeit als *Eigenschaft* des Raumes anzusehen ist, soweit sie sich – wie im letzten Kapitel dargestellt – als Bewegung der Materie darstellt. In diesem Sinne ist sie dann allerdings keine eigenständige Dimension.

Das ist allerdings etwas Anderes, wenn wir über den Begriff Ewigkeit reden. Was ist Ewigkeit? Was ist Zukunft? Ich kann mir eine Zukunft vorstellen, eine menschliche Zukunft auf der Erde, so wie wir Menschen leben, in materiellen Umständen. Das ist einigermaßen konkret. Viele Menschen denken, mit dem Tod ist alles zuende und hoffen auf nichts anderes als eine mehr oder weniger glückliche materielle Zukunft. Ewigkeit? Kann in dieser Vorstellung ebenso wenig vorkommen wie Hoffnung auf eine Zukunft nach dem menschlichen Leben. Ewigkeit ist für mich sehr viel mehr als meine sehr begrenzte Zukunft, auch sehr viel mehr als die maximal vorstellbare Zukunft der materiellen Welt, sehr viel mehr als ins Unendliche verlängerte Zeit. Es ist auch etwas anderes als die Vorstellung von einem ewig existierenden Universum – irgendwie scheint etwas wie Ewigkeit in unserem Denkvermögen nicht möglich. Ich kann mir nicht vorstellen, ob Materie, ob das Universum wirklich ewig existieren wird. Mein Problem ist dabei, dass ich mir keine Grenzen des Universums vorstellen kann, weder materiell - also räumlich - noch zeitlich. Diese Fragen führen unweigerlich immer wieder ins Paradox. Wenn das Universum Grenzen hat: woran grenzt es? An das Nichts? Was ist Nichts? Ich kann mir Ewigkeit auch nicht ohne Geistiges denken. Aber ich kann mir denken, dass irgendwie alle Gegenwarten, also – mindestens - alle Zeiten (= Zustände) aller materiellen Erscheinungen, in der Ewigkeit sein müssen. Das allein wäre so umfassend, dass es dem großen „Bild" der Ewigkeit entsprechen könnte. Wenn also nicht alle Gegenwarten[17] – damit auch Vergangenheit und Zukunft - in der Ewigkeit vorhanden sind, wäre es keine Ewigkeit sondern nur etwas Bruchstückhaftes. In gewisser Weise hat Ewigkeit eine geistige Form. Sie kann nicht materiell sein, denn sie kann nicht nur die maximale Menge aller Materie sein, die jemals war, ist und sein wird. Ein ewiges Sein solcher Art ist für Materielles nach aktuellen quantenphysikalischen Erkenntnissen nicht vorstellbar. Ewigkeit ähnelt – für mich – einem Speicher, konkret: einem Wissensspeicher. So etwas ist für uns in der heutigen Zeit vermutlich leichter vorstellbar als in vergangenen Zeiten, denn wir kennen virtuelle Speicher aus der

---

[17] Der Begriff „Gegenwart" ist auch (!) eine Quantisierung der Zeit, wenn wir (Entsprechung zum Licht als Teilchen) sehen, dass Gegenwart ein kurzer, quasi schon vergangener Moment ist.

Computertechnik. Virtuell? Was bedeutet das? Virtualität ist seiner Definition nach etwas Gedachtes, etwas, das keine Form hat - aber wirken kann. Als Beispiel können wir uns ein Spiegelbild vorstellen: es zeigt eine Form, entspricht dieser Form in ihrer optischen Wirkung, ohne jedoch ein materielles Duplikat zu sein. Wenn Ewigkeit ein virtueller Speicher ist, entspräche sie meiner Auffassung nach der gedachten oder denkbaren allumfassenden Abbildung aller Dinge, Wesen und Geschehnisse incl. Empfindungen in allen Zeiten und aller Möglichkeiten, komplett, unendlich. Ist die Ewigkeit ein Spiegel unseres Universums oder sind wir Spiegel der Ewigkeit?

Entspräche die Ewigkeit der Potentialität? Pulsiert das All?

Ein weiteres, wichtiges Bild der Ewigkeit taucht auf: Alpha und Omega: so ist Gott immanent und transzendent als 23. Buchstabe = Lamm Gottes.

Ist Ewigkeit Geist? Was ist Wahrheit? Wie können wir verstehen?

Zum Neuen Testament,

Hier sollten wir uns zuerst vor Augen führen, was geschieht, wenn Überlieferungen frei nacherzählt und / oder übersetzt werden. Wenn wir vom Alten Testament zum Neuen Testament der Bibel wechseln, ist genau das das Problem: mündliche Äußerungen, die Jesus zu seinen Lebzeiten getan hat, wurden sowohl mündlich weiter gegeben als auch zum Teil schriftlich von Zeitgenossen festgehalten. Schriftliche sog. Protokoll-Notizen wurden sowohl in der Mutter-Sprache Jesu, dem Aramäischen, als auch in griechischer Sprache notiert. Wir können davon ausgehen, dass die jeweiligen Übersetzungen in unterschiedlicher Qualität notiert wurden und in der Folge durch Missverständnisse - zum Sinn des gesprochenen Wortes wie auch durch einfache Übersetzungsfehler - weitere Veränderungen stattgefunden haben. Daraus hat sich eine Vielzahl unterschiedlichster Formen und Inhalte ergeben, die in der späteren Entwicklung der Christlichen Religion(en) durch die Kirchenväter untersucht wurden. Einige der sog. Testamente wurden in der Folge aus dem offiziellen Kanon der Bibel ausgeschlossen (die sog. Apokryphen). Und es ging in den Grundsatzdebatten auch darum, Inhalte dahingehend zu interpretieren, ob sie der Glaubensentwicklung nützlich oder schädlich sind. Man könnte auch so sagen: die Überlieferungen wurden darauf abgeklopft, ob sie der Entwicklung der neuen Kirche und ihrer Strukturen dienten. Was nicht ausschließt, dass auch das – aus damaliger Sicht interpretierte – Wohl der Gläubigen möglichst berücksichtigt wurde.

An dieser Stelle meine ich, dürfte die „Wahrheit" dessen, was Jesus tatsächlich gesagt hat, und was an die Öffentlichkeit gelangen durfte, schon ganz erheblich verfälscht – oder milder formuliert: verändert worden - sein.

Worte Jesu zur Wahrheit -
Jesus und Pilatus

An diese Stelle gehört eigentlich eine längere fachliche Abhandlung zu den Synoptischen Evangelien, in denen Jesus vor Pilatus steht und ihm die Frage gestellt wird: „Was ist Wahrheit?". Die theologische, philosophische und literarische Lektüre zum Thema Jesus und Pilatus umfasst eine Tiefe und Breite, die ich hier nicht abhandeln kann. Einen Philosophen der Gegenwart möchte ich jedoch zu Wort kommen lassen: Giorgio Agamben, ebenso einen Theologen, der Worte Jesu aus dem griechischen Original der Bibel in die Sprache Jesu, das Aramäische, rückübersetzt und daraus eine Übersetzung in unsere deutsche Sprache erarbeitet hat: Günther Schwarz.

Die Abhandlung „Pilatus und Jesus" von Giorgio Agamben widmet sich intensiv dieser Szene, in der „die Welt der Tatsachen über die Welt der Wahrheit zu richten [hat], das irdische Reich über das ewige ein Urteil zu sprechen [hat]." [18]

---

[18] (Agamben 2014), S. 22 ff

Er schildert das Verhör ausgehend vom Johannes-Evangelium (Joh18,28), in dem Jesus auf die Frage „Also bist du doch ein König (*oukoun basileus ei sy)*?" (Joh 18,37) antwortet: „Du sagst es, ich bin ein König (*sy legeis hoti basileus eimi ego*). Ich bin dazu geboren und dazu in die Welt gekommen, dass ich für die Wahrheit zeuge (*hina martyreso tei aletheiai*). Wer aus der Wahrheit ist (*ek tes eletheias),* hört meine Stimme." Hierauf folgt die Frage des Pilatus „Was ist Wahrheit (*ti estin aletheia)*?"

Wie Agamben unter weiteren Bezugnahmen ausführt, „möchte Pilatus, nachdem geklärt ist, dass das Reich Jesu nicht diese Welt betrifft, die Wahrheit wissen und Aufklärung erhalten über das Reich, für das der Angeklagte zeugt (*cupit veritatem scire ac effici de regno eius)*: Seine Frage bezieht sich nicht auf die Wahrheit im Allgemeinen (*non quaerens quid sit definitio veritatis)*, sondern auf die besondere Wahrheit, die Jesus zu kennen scheint, ihm aber verschlossen ist. Vielleicht stehen sich hier also nicht Wahrheit und Skeptizismus, Glaube und Ungläubigkeit gegenüber, sondern zwei verschiedene Wahrheiten, oder besser zwei verschiedene Wahrheitsverständnisse. Im Nikodemusevangelium fährt die Befragung mit Jesu Antwort („Die Wahrheit stammt vom Himmel") und einer weiteren Frage des Pilatus („Gibt es auf Erden keine Wahrheit?") fort. Mit der Antwort Jesu endet die Vernehmung: „Du siehst doch, wie die,

welche die Wahrheit sagen, von den irdischen Machthabern gerichtet werden."
Weltliches Gericht und Zeugnis für die Wahrheit sind nicht in Einklang zu bringen."[19]

Diese Aussage Jesu hätte auch heute noch Gültigkeit.

An dieser Stelle noch ein für das christliche Selbstverständnis bedeutende Jesus-Wort: „Ich bin der Weg, die Wahrheit und das Leben. Niemand kommt zum Vater denn durch mich." (Joh 14,6)

---

[19] (Agamben 2014), S. 27, 28

„Worte des Rabbi Jeschu" Rekonstruktion durch Günther Schwarz

Günther Schwarz[20] hat seine Arbeit die „Worte des Rabbi Jeschu" durch Rückübersetzung vom griechischen Original der Bibel in die Sprache Jesu, das Aramäische, und von dort wiederum ins Deutsche erarbeitet. Sie wurden im Verlag STYRIA, Bibliothek der Unruhe und des Bewahrens, Band 6, veröffentlicht. Nach Rückgabe des Verlagsrechts und Verlust der Originaldatei aus dem Bestand des Verlages wurde das Werk wiederhergestellt und ist jetzt im Internet öffentlich zugänglich.

Mir ist bekannt, dass die wissenschaftlichen Arbeiten von Günther Schwarz der angewandten Rekonstruktion der Worte Jesu nicht durchgängig anerkannt sind. Trotzdem nehme ich hier auf einige Aussagen Bezug.

---

[20] jesus-forscher.de/assets/worte-des-rabbi-jeschu-(internetformat).pdf (14.01.2019)

Wort 42 wurde von G. Schwarz wie folgt rekonstruiert:

Wenn ihr nach meinen Worten leben werdet,

seid ihr in Wahrheit meine Schüler.

Und wenn ihr die Wahrheit erkennen werdet,

wird die Wahrheit euch frei machen.

Er hat folgende Quellen kombiniert:

Johannes 8,31.32

Da sprach nun Jesus zu den Juden, die an ihn glaubten: Wenn ihr bleiben werdet an meinem Wort, so seid ihr wahrhaftig meine Jünger und werdet die Wahrheit erkennen, und die Wahrheit wird euch frei machen.

Das sog. „Evangelium" des Philippus, Spruch 123 (Nag Hamadi Codex NHC II, 3)[21]

Auszug:

Die Wahrheit nämlich ist wie die Unwissenheit: Wenn sie verborgen ist, ruht sie in sich. Wenn sie sich aber offenbart (5) und erkannt wird, pflegt man sie zu preisen, weil sie mächtiger ist als die Unwissenheit und der Irrtum. Sie gibt Freiheit. Der Logos sprach: ,,Wenn ihr die Wahrheit erkennt, wird die Wahrheit euch frei machen." Die Unwissenheit ist Sklave. Die Erkenntnis ist Freiheit. Wenn wir die Wahrheit erkennen, werden wir die Früchte der Wahrheit in uns finden. Wenn wir uns mit ihr verbinden, wird sie unsere Fülle bringen.

---

[21] http://wwwuser.gwdg.de/~rzellwe/nhs/node88.html (14.01.2019)

Günther Schwarz ergänzt:

„Wer dies als Wahrheit erkannt hat, der ist frei geworden von jener geistigen Kurzsichtigkeit, die nur das wahrzunehmen gestattet, was durch die Sinne erfassbar ist."[22]

Der Hinweis auf diese geistige Kurzsichtigkeit macht deutlich, was die <Eins> der hebräisch-mathematischen Schöpfungsgeschichte meint: Alles ist Eines, und dieses Eine, das Ganze zu erkennen, gehört unbedingt dazu, die Wahrheit zu erkennen. Dieses ist die Erkenntnis, die die Fülle bringt: wir sind untrennbar mit allem verbunden.

---

[22] (Schwarz 2003), S. 42

Dualität in der Theologie / Gut und Böse

Angeregt durch die Arbeit von Günther Schwarz komme ich zu einem bedeutenden Begriff einer Dualität in sehr ambivalenter Bedeutung. Hinsichtlich der Trennung in die Welt des Geistes einerseits und die Welt der Materie andererseits kommt die – meiner Einschätzung nach - rein menschliche Kategorie der Spaltung in Gut und Böse in den Blick.

Die Frage nach der Wahrheit wird hier wahrlich zu einer Frage der Unterscheidung der Geister! Materie an sich können wir in diesem Sinne nicht differenziert beurteilen. Was soll in unserer sichtbaren und fühlbaren Makro-Welt bzw. in der Welt der Elementarteilchen böse sein? Wir können auch das System des „Fressen und Gefressen-Werden" in der Natur nicht als böse bezeichnen. Es ist Grundlage des gesamten Systems der Lebewesen, das Ganze ist Stoffwechsel. Die Nahrung des Einen wird durch den Tod des Anderen verfügbar. Leben braucht Nahrung. Soweit wir diese Frage aber auf den Menschen bezogen sehen, kann der Satz „Leben braucht Nahrung" zu einer Frage der Ausbeutung unserer Welt werden. Diese Problematik ist hier nicht mein Thema. Das „Problem Mensch" wird allerdings sichtbar, wenn wir einen Schritt zurück machen, um es aus anderer Perspektive zu betrachten:

Satan als Ursprung des Bösen ist theologischer Hintergrund der Trennung von Geist und Materie, von Gut und Böse. Fragen wir also, wie der Satan in die Welt gekommen ist. Günther Schwarz[23] hat in seiner Arbeit „Worte des Rabbi Jeschu" Lukas 10,18 wie folgt übersetzt:

„Ich habe den Satan beobachtet,

als er fiel wie ein Blitz, der vom Himmel fällt."

Schwarz bezieht sich in seinen Erläuterungen dazu auf die Vor-Zeit, also auf das, was vor Entstehung der materiellen Welt war, weil erst Materie durch Bewegung Zeit „erzeugt" bzw. in der Bewegung Zeit „mit sich bringt". Der Sturz Satans schloss alle die „Geistwesen mit ein …, über die er Macht gewonnen hatte; wenn aber über alle, dann auch über uns. *Andernfalls hätte es weder die materielle Welt geben müssen, noch uns als Menschen, die wir unter satanischen Verhältnissen in ihr leben müssen,* bis wir irgendwann, durch Leiden und Lernen reif geworden, in die geistige Welt Gottes, die *Himmelsherrschaft*, zurückkehren können." Nach Schwarz entstand Materie theologisch gesehen aus dem Sturz des Satans: der Urknall, von dem die Naturwissenschaften immer noch ausgehen, ist aus theologischer Sicht der Sturz Satans, der *„fiel wie ein Blitz, der vom Himmel fällt."*

Ist Materie Inkarnation des Bösen? Kann das Wahrheit sein?

---

[23] (Schwarz 2003), S. 24, Lukas 10,18

Naturwissenschaft
Dualität in der Wissenschaft

Die Dualität, <u>die trennt</u>, die aus EINER WELT viele macht und uns heute in unserem Individualismus von der Natur trennt, als gehörten wir ihr nicht an, ist ein Irrtum.

Die Dualität, <u>die verbindet</u>, nämlich Geist und Materie, ist hingegen der Blickwinkel, der aus der Vielheit die Einheit begründet. Das muss erläutert werden:

Beide Aussagen lassen sich zunehmend in den Wissenschaften nachvollziehen.

Als ich mein Buch „Quantensprung in die Ewigkeit"[24] geschrieben habe, schienen mir beide Bereiche - Materie und Geist - noch extrem getrennt zu sein. Aber in den vergangenen Jahren hat sich einiges in den Naturwissenschaften getan. Auch für Historiker wäre es ein schönes weites Feld darzustellen, wie sich im Verlauf der letzten 2000 Jahre die Sichtweisen auf die Welt und das Leben auf ihr verändert haben: dies ist aber nicht das Anliegen dieser kleinen Schrift. Von der ganzheitlichen Sicht des

---

[24] (Kessel, Quantensprung in die Ewigkeit 2016)

Alexander von Humboldt auf die Natur über Charles Darwin bis zu den Erkenntnissen der Quantenphysik breitet sich ein ungeheuer großes Spektrum aus.

Alles, was durch die Sinne erfassbar ist, alles, was messbar ist, ist Gegenstand von Physik, Biologie, Chemie, Neurowissenschaften, kurz: der anerkannten Naturwissenschaften. Damit ist für die Naturalisten die Auffassung verbunden, dass es nichts anderes gibt als Materielles – nichts Geistiges, nichts Jenseitiges, nichts was nicht gemessen und untersucht werden kann.

Von der Spaltung der Ein-heit zur Dualität beginnend hat sich eine kaskadenartige Entwicklung vollzogen. Immer wieder teilt sich Eines, immer wieder *entwickelt* sich ein Weiteres. Aber wird es insgesamt mehr?

Was ist Wahrheit?

Welle-Teilchen-Dualismus / Ursprung im On

Auf den ersten Blick ist es schwierig zu verstehen, was der Begriff Welle-Teilchen-Dualismus bedeutet – ein merkwürdiger wissenschaftlicher Begriff, oder?

Prinzipiell ist das Universum durchströmt von Wellen unterschiedlicher Art. Wenn wir sie untersuchen, messen wir sie mit Geräten, und das entspricht einer Beobachtung der Welle. Das Ergebnis dieser wissenschaftlichen Beobachtung ist; dass die Welle aus Teilchen besteht. Ist eine Welle also Welle oder Teilchen oder wie? Entweder – oder?

Nein.

Tatsächlich ist es gleichzeitig beides, und das können wir uns am besten über das Bild des Meeres vorstellen.

Wir kennen das Meer. Es besteht aus Wasser, es ist bewegt und macht Wellen, und dieses Wasser, also H2O, das heißt: 2 Wasserstoffatome und ein Sauerstoffatom haben sich zu einem Molekül zusammengeschlossen, sind aber jeweils ein Atom geblieben.

Es ist immer alles Welle UND Teilchen, auch wenn es gemessen wird.

Bei all dem bleibt das Meer ein Meer, es bleibt Wasser, bleibt Welle, bleibt Lebensraum, in gewissem Sinn auch Fruchtwasser, denn es ist für die Erde ein immer noch nicht durch uns ganz durchschauter, immer noch nicht ganz erforschter fruchtbarer Raum. Wir kommen aus dem Meer. Und wir zerstören unser Meer, das Fruchtwasser unserer Erde.

Dieses Bild zeigt uns eines: es ist ein und dasselbe: das Meer ist Welle und Wasserstoff und Sauerstoff und Lebensraum gleichzeitig.

Das Meer findet sich in allen Ursprungsgeschichten der Menschheit, in der Bibel, im Gilgamesch Epos, in der Ilias, in den Metamorphosen, bei allen Geistesgrößen, großen Lehrern und Weisen. Sie alle sind im Ursprung unseres Jetzt und sind Teil der einen Wahrheit, gekommen aus der Potentialität, der großen Möglichkeit.

Und das ON ist philosophischer Begriff und Lebensraum und Universum gleichzeitig. Nur dass es weit über das Meer hinausgeht, denn das ON ist ALLES, das SEIN und das NICHTS.

Und da das so umfassend ist, muss hinsichtlich der Naturalisten hinzugefügt werden: Kultur und Mythos können nicht als nur überliefertes oder niedergeschriebenes Wort ausgeschlossen werden. Sie gehören zum ON hinzu.

Soviel als kleiner Einstieg zur Quanten-Ontologie.

Quantenphysik

Es kann nicht mehr übersehen werden, welche grundlegenden Erkenntnisse aller dieser wissenschaftlichen Disziplinen durch einen speziellen Bereich der Physik, der Quantenphysik, ins Wanken gebracht werden. An der Vorstellung, alles sei im Sinne der Materie Eins rüttelt die Erkenntnis, dass die materielle Realität[25], die uns umgibt, von der Potentialität[26] abhängig ist (Zeilinger).

Die Frage nach der Masse des Universums berührt natürlich auch die Frage nach der Materialisierung von Quanten aus der Potentialität. Was ist das denn? Es gibt einen Übergangsbereich zwischen einem – sagen wir mal – noch nicht wirklich definierten und benannten Energiebereich und einem materiell bekannten und benannten Bereich, dessen Teilchen wir kennen und messen können. Jenseits des uns bekannten

---

[25] Siehe Fußnote unter „Stehendes Jetzt"

[26] Was besagt der Begriff „Potentialität"? Wenn wir z.B. die Definition in Wikipedia Quelle: https://de.wikipedia.org/wiki/Vermögen_(Fähigkeit), Zugriff: 29.05.2019, 18:41 Wikipedia zurate ziehen, wird die Definition auf Aristoteles zurück geführt, der den Begriff „**Vermögen** (altgriechisch δύναμις *dýnamis*, lateinisch *potentia*)" materiell interpretierte – praktisches Beispiel: das Vermögen, die Fertigkeit, ein Haus zu bauen. Die Potentialität, von der A. Zeilinger spricht, ist eine völlig andere: sie wird in den folgenden Absätzen zum Übergangsbereich zwischen einem nicht bemessenen Energiebereich und einem materialisierten Bereich beschrieben.

materiellen Universums gibt es einen vermeintlich leeren Raum. Dieser „leere Raum" allerdings ist voller Schwankungen. Was sich in diesem Raum befindet, wird auch Dunkle Energie genannt, manchmal auch Dunkle Materie oder Kosmologische Konstante. Es sind – und das ist unbestritten - Quantenfluktuationen, aus denen heraus greifbare Materie entstehen kann. Physikalisch genauer betrachtet, sieht das so aus:[27] um Atomkerne bewegen sich Elektronen, die entsprechend der dualistischen Natur des Universums in zwei Zuständen existieren: als (Elementar-)Teilchen und als Welle (das ist der sog. Welle-Teilchen-Dualismus). Grundsätzlicher Bestandteil der Quantentheorie ist eine besondere Eigenart der Elementarteilchen. Werden die Zustände der Teilchen gemessen = beobachtet, haben sie Teilcheneigenschaft, das heißt, sie sind kristallisierte, greifbare Materie. Sind sie jedoch unbeobachtet, befinden sie sich im virtuellen Zustand von Wellen. Elektronen oszillieren also zwischen Wellenzustand und Materie, je nachdem, ob sie beobachtet sind oder nicht. Quanten springen zwischen verschiedenen Energiezuständen. … Quantenwellen transportieren in rudimentärer Form Informationen über Wahrscheinlichkeiten[28], und zwar in allen

---

[27] Ich habe den folgenden Text (S. 8-10) meiner Schrift „Liebe – Agape" entnommen, erschienen 2018 im Verlag BoD unter ISBN 978-3-7528-3413-0
[28] (Schäfer 2004) Versteckte Wirklichkeit – Wie uns die Quantenphysik zur Transzendenz führt. Stuttgart: S. Hirzel Verlag.

Teilen des Universums, und sie gehen auch von uns Menschen aus. Information ist überall!

Lothar Schäfer schreibt auf Seite 106, letzter Absatz: „Sie können eine Richtung haben, weil Übergänge zwischen Quantenzuständen von Übergangswahrscheinlichkeiten geregelt werden, die von den Wellenfunktionen der beteiligten Zustände abhängen … Aus den Unterschieden in Übergangswahrscheinlichkeiten ergeben sich für einige Zustände Begünstigungen, weil die entsprechenden Übergänge wahrscheinlicher sind als andere."

Forscher und Forscherinnen befassen sich aktuell insbesondere mit der Quantenfeldtheorie, um den Weg zu einer Quantentheorie der Gravitation zu finden. Sie sind auf der Suche nach der „Theorie von Allem", das heißt: nach einer Formel, die schlicht, einfach und elegant sagt, wie die Welt gebaut ist. Was also auch hieße, wie wir sie nachbauen könnten. Allerdings gibt es immer wieder neue Hindernisse, und wenn es auch nur die Masse des Higgs-Teilchens ist: dieses sogenannte Gottes-Teilchen müsste eine viel größere Masse haben als es zur Verfügung stellen kann, um die erwartete Funktion zu erfüllen, die die Physiker ihm zugeschrieben hatten.

Nun ja, all diese hochspezifischen Aussagen der Spezialisten sind schwer nachzuvollziehen. Ich belasse es deshalb bei diesem Ausflug in die aktuelle Quantenphysik.

Aber eine Frage muss ich hier doch einfügen: können wir wirklich behaupten, die Wahrheit über unser Universum zu wissen, wenn die Komplexität der Zusammenhänge so ungeheuer schwierig zu verstehen ist?

Meine vorherige Frage, ob die Materie letztlich durch Teilung immer mehr wird: selbst das kann ich wenigstens nicht beantworten, handelt es sich doch um ständige Schwankungen innerhalb des Welle-Teilchen-Dualismus. Könnten wir ALLES überblicken, ALLES beobachten = MESSEN, ja dann, dann wüssten wir wirklich, im welchem Universum wir leben… (aber das Universum ist kein Hefeteig)

Gibt es vielleicht einen oder – allgemeiner gesagt – auch andere Wege, zur Wahrheit zu finden, als die wissenschaftliche Meisterschaft der Präzision?

Wir können viele Aussagen von Physik und Quantenphysik diskutieren und interpretieren, aber hierbei gibt es drei Ausnahmen, die nicht mehr diskutabel sind, weil sie experimentell bewiesen sind.

1. Heisenbergs Unschärferelation[29]
2. Die sog. Pauli-Verbote[30]
3. Zeilingers Beweise der Abhängigkeit der Realität von der Potentialität.

Eine Rest-Fehlerrate von 10^{-80} ist derart gering, dass wir getrost davon ausgehen können, dass diese Forschungsergebnisse dauerhaft gültig sind.

Eine Reihe von Physikern sucht seit Jahren experimentell nach den Schlupflöchern in diesen Theorien, um einen Beleg dafür zu finden, dass das (materielle) Prinzip der kausalen Struktur unseres Universums Gültigkeit hat: es ist bisher nicht gelungen.

Die scheinbar kausale Struktur des Universums ist über Jahre hinweg immer wieder durch diverse physikalische Experimente widerlegt worden.

---

[29] **Werner Heisenberg** hat in seiner Unschärferelation gezeigt, dass man niemals gleichzeitig mit beliebiger Genauigkeit den Ort **und** die Geschwindigkeit eines Teilchens ermitteln kann. Das ist nicht in ungenauen Messmethoden begründet, sondern eine fundamentale, natürliche Grenze.

[30] **Wolfgang Pauli** hat bereits 1925 erkannt, dass sich innerhalb eines Phasenraums nicht zwei in allen physikalischen Daten (*Quantenzahlen*) übereinstimmende Teilchen aufhalten können, wir nennen dies das **Pauli- Verbot**. Alle Teilchen besitzen einen *Eigendrehimpuls*, entfernt ähnlich der Rotation eines Planeten, den man als **Spin** bezeichnet. Er wird ausgedrückt als Vielfaches von 1/2 oder ist 0 und kann positiv oder negativ sein.

Suche nach Wahrheit im wissenschaftlichen Rahmen

Die Dualität, <u>die verbindet</u>, findet sich häufig dort, wo Gruppen über Weltbilder diskutieren.

In der kleinen Arbeitsgruppe, in der ich mit Wissenschaftlern der Disziplinen Quantenphysik, Theologie und Biologie zusammenarbeite, um ein ganzheitliches Weltbild, das Geist und Materie verbindet, schlüssig darzustellen, ist die Wahrheit immer wieder Thema.

Das Thema Wahrheit ist ein grundlegender Streitpunkt, der insbesondere Physiker beschäftigt, wenn sie sich auf die Frage fokussieren, ob die Realität des Universums faktisch rein materiell gesehen werden kann bzw. muss. Zur Klärung dieses Dissens' gehören die Fragen: was ist Wirklichkeit? Und: was ist Realität?

Naturalismus

Über diese Fragen definieren sich Weltbilder: so vertreten die Naturalisten die Auffassung, dass Realität bzw. Wirklichkeit[31] nur das sei, was messbar, also objektiv feststellbar ist. Dieses naturalistische Weltbild wird auch Monismus genannt = Alles ist Eines, ein Materielles.

Diese Weltauffassung ist klar begrenzt durch das, was natürlich, also Teil der Natur ist. Sie entspricht der Klassischen Physik und wird allgemein Realismus genannt. Dieses kausal in sich geschlossene Weltbild wird vermutlich von großen Teilen der Menschheit geteilt und für vernünftig und verständlich gehalten. Wir können sehen, fühlen, riechen, hören, anfassen, messen, berechnen, was ist.

Mehr gibt es nicht. So kurz, so einfach. So wahr?

Ich halte heute zum Beispiel sehr viel mehr bzw. Anderes für wahr als das, was Menschen im 16. Jahrhundert sehen, hören, riechen etc. konnten, denn unsere heutige Technik hat unsere Sensorik auf technische Weise erheblich erweitert – sogar mit der

---

[31] **An dieser Stelle möchte ich nicht auch noch die Debatte eröffnen über die möglichen Unterschiede zwischen den Begriffen Realität und Wirklichkeit. Das bedarf eines weiteren Aufsatzes.**

Folge, dass vieles, was wir für wahr halten, tatsächlich gar nicht wahr ist … und nicht nur die Bilder lügen. Nun, das ist wieder eine andere Frage.

Dieses naturalistische Weltbild lässt keinerlei Raum für Übernatürliches, was auch immer man darunter verstehen kann. Es gibt ebenso wenig Grund für einen Glauben an Gott wie an irgendetwas anderes Unerklärliches. Alles geht „mit rechten Dingen zu". Alles was wir glauben können, ist bereits erklärt worden oder wird in Zukunft durch Wissen ersetzt werden, so dass jegliche Unklarheit beseitigt wird. Die Zusammenhänge in der Materie, die Natur, das ganze Universum kann in jeder Hinsicht als kausal funktionierend beschrieben werden (wenn … dann …). Alles klar? Der naturwissenschaftlich begründete Materialismus vereinbart sich gut mit der gegenwärtig vermutlich überwiegenden und noch expandierenden Weltanschauung des Kapitalismus. Die Bewohner einer Welt, die naturalistisch denkt, hängen der Auffassung an, dass die Wirtschaft ständig wachsen muss, damit es uns allen immer besser gehe. Damit die Wirtschaft wachsen kann, müssen wir immer mehr produzieren und konsumieren. Handel und Wandel, Konkurrenz und Kampf um immer mehr Märkte und größeren materiellen Gewinn bestimmen die Moderne, die ohne eine weitergehende Vorstellung jenseits des Materiellen auszukommen scheint.

Der Markt regiert, und der Konsum muss ihn aufrechterhalten. Ein Fahrrad, das nicht fährt, fällt um. Dieses Beispiel, dessen Urheber ich nicht kenne, trifft die Wahrheit des naturalistischen, pardon, des kapitalistischen Weltbildes von heute.

Quanten-Ontologie[32]

Das neue Fundament eines physikalisch begründeten Realismus ist Ergebnis der Quantenphysik und revidiert das naturalistische Weltbild: Quantenphysiker haben festgestellt, dass zur Erklärung der Stabilität der Atome und ihr Linienspektrum das Sichtbare, Messbare, Feststellbare, die Realität also, nicht ausreicht. Es müsse also eine andere immaterielle Wirklichkeit geben, nämlich die Potentialität, die selbst nicht messbar aber doch wirklich ist, die bestimmt, was mit welcher Wahrscheinlichkeit real werden kann. Das ist der ontologische Gehalt des viel zitierten Welle-Teilchen-Dualismus. Die Wellenfunktion ist so etwas wie eine Wahrscheinlichkeitswelle, hat also kein materielles Substrat. Das Teilchen ist es, das im sog. Messprozess, nämlich dem praktisch-experimentellen Vorgang mit der zugeordneten Rechenvorschrift für das Ergebnis, mit seinen Messwerten in der Realität erscheint, also realisiert aus der Potentialität in die Realität überführt wird.

---

[32] *Ontologie* ist die grundlegende Lehre von Wirklichkeit, Sein und Werden. Sie definiert und handelt von Basisbegriffen wie Sein, Nicht-Sein, Raum, Zeit, Unendlichkeit, Materie und Geist. Wenn ich die mir hier auftretende Kernfrage stelle: gehören zu dem enthaltenen philosophischen Begriff **ON – SEIN** Materie, Wirklichkeit und Realität hinzu? Ist meine Antwort: Natürlich! JA! Die Antwort ist also: Ontologie ist die grundlegende Lehre von ALLEM. **Alles ist EINS**

Das bedarf der Erklärung und Zusammenfassung:

Die Ansicht, dass Alles ein Materielles ist (Monismus[33] genannt), des Naturalismus, der die ganze Wirklichkeit[34] mit nur einer ontologischen Grundkategorie, nämlich Natur bzw. Realität, erfassen will, gilt nicht mehr. Die Quantenphysik hat bewiesen, dass die Wirklichkeit mehr ist als die von uns wahrnehmbare und messbare materielle Realität. Die ganze Wirklichkeit ist eine Doppelstruktur aus Potentialität und Realität. Die Brücke zwischen beiden Wirklichkeitsbereichen schlägt der quantenmechanische Messprozess, so dass die Realität nicht mehr kausal in sich geschlossen ist. „Wenn … dann …" gilt nicht mehr im gewohnten Sinn.

---

[33] Monistisch ist eine Ontologie, die glaubt, mit nur einer Grundkategorie die ganze Wirklichkeit erfassen zu können.

[34] Wirklichkeit kann auf dreierlei Weise definiert werden: **erstens als Synonym** für unsere materielle Realität, also alles, was wir sehen, fühlen, hören, **messen** können, **zweitens als etwas, das wirkt**, das also als Wirksames Grund für eine Folge, eine Reaktion ist. In unserer natürlichen Umgebung hat diese Wirklichkeit **Anteil an der materiellen Kausalität** (wenn … dann…). In einem **dritten Bezug** hat die Wirklichkeit ihre **Ursache in der Potentialität**, also in der Vielheit aller Möglichkeiten, die sich auf unsere Realität auswirkt. Diese Auswirkung ist dann **nicht messbar als kausaler Anteil** der materiellen Realität festzustellen. Sie realisiert sich aus der Quantenontologie.

Und das hat Folgen für Menschen. Die Quantenontologie öffnet den Blick für diesen anderen, ungewohnten Realismus. Der andere Blickwinkel, die andere Offenheit in der Kommunikation ermöglicht eine wachsende Transparenz:

Es heißt dann nämlich nicht nur physikalische Fakten anzuerkennen sondern *zu erkennen, dass die Dualität von Welle und Teilchen Fakt ist in allen Dingen.*

Das Beispiel des Wassers, das sichtbar Tropfen ist und Welle, existiert ebenso im Licht, das Welle ist, aber auch Teilchen, aber als solches nicht für uns direkt erkennbar. Und aus der universalen Quantenfluktuation umfluten Informationen uns als Wellen und bilden Materie – Wellen, die Teilchen werden! Alltägliche Schöpfung.

Physik und Glaube schließen sich nicht mehr aus. Aus diesem neuen und ungewohnten Realismus, der Quantenontologie, kann ich auch erklären, warum ich mit Freude und Glauben einen Gottesdienst besuchen kann, es aber in Kenntnis der Quantenphysik genauso gut lassen kann: weil beides IST, ohne irgendwie kausal zu sein: Weil beides sein und geschehen darf und nicht hinterfragt werden muss, denn es tut der Seele gut, denn auch das ist Dualität:

das ON <u>ist</u> UND, ALLES <u>UND</u> NICHTS

Physik <u>und</u> Glaube

Wuji er Taiji

… das heißt weltanschaulich:

Ich kann mich unbefangen auf ganz unterschiedliche Instanzen berufen, in meiner menschlichen Not, in meiner Freude, bin ich gut aufgehoben im ALL.

Ist es im Grunde nicht dasselbe, was wir in menschlicher Sprache nennen:

ON, Gott, Götter, Geister? In einem gewissen Sinn schon. Begriffsgeschichtlich aber ist nicht nur Identität sondern auch Differenz zu beachten, und das ist das Schöne am Geist, dass er auch Differenz denken und begreifen kann.

Um es in der Sprache von Hegel zu formulieren:

„Liebe ist die Identität von Nichtidentität und Identität. In ihr sind alle Differenzen im doppelten Sinne des Wortes aufgehoben."

Nur eines ist falsch:

Sich ausschließlich auf Materie zu berufen.

Denn in ihr fehlt der Kern der Wirklichkeit: die Seele, das Selbst, der Geist, oder wie immer wir das „Entscheidende" nennen wollen.

Weltanschaulich heißt das auch:

Mission im Sinne von Religion hat ausgedient.

Die alten Römer und Griechen hatten Recht, Schamanen und die sog. Naturvölker haben Recht und sollen ihren Bestand beanspruchen.

Der pure materialistische Rationalismus hat und ist Unrecht.

Ich glaube, weil ich denke – Wissenschaft und Theologie

Durch die Quantenphysik hat sich im Verhältnis von Glaube und Wissenschaft das Blatt gewendet: Der Glaube an Gott ist nicht mehr im Konflikt mit Wissenschaft, sondern hat Rückhalt in der Quanten-Ontologie. Gott ist nicht in *der* Realität zu finden, die der Naturalismus für die einzig wahre Realität und Wirklichkeit hält. Wir sollten akzeptieren, was die Quantenphysik bewiesen hat: es existieren natürliche Realität und *Potentialität. Diese Wirklichkeit* ist nicht *in* Raum und Zeit, wirkt sich allerdings *entscheidend* darauf aus, in welcher Form Realität materiell existent wird.

Die Quantenphysik begründet eine *nicht-materielle Wahrheit* außerhalb unserer messbaren, sicht- und fühlbaren Wahrheit. Das hängt mit der Wellenfunktion eines Quantensystems zusammen. Im Mikrobereich, also im Bereich der kleinsten Teilchen, gilt das „wenn … dann …", also das Kausalprinzip[35] und der Determinismus[36] nicht mehr; denn Quantenobjekte folgen statistischen Gesetzen. Hier können wir keine realistischen Voraussagen über die Materie mehr treffen. Wahrscheinlichkeitswellen bestimmen über die Statistik der Informationsgehalte von Quantensystemen über das,

---

[35] …das nach wie vor im Makrobereich zu finden ist …
[36] Der **Determinismus** (von lateinisch *determinare* ‚festlegen', ‚Grenzen setzen', ‚begrenzen') ist die Auffassung, dass alle – insbesondere auch zukünftige – Ereignisse durch Vorbedingungen eindeutig festgelegt sind. https://de.wikipedia.org/wiki/Determinismus Zugriff am 07.08.2019

was wird. Wir können keine Voraussagen mehr treffen. Aber – ich versuche einfach mal spekulativ weiterzudenken - können wir eventuell durch unsere eigenen Wellensysteme (Gedanken, Willen, Gebete o. Ä.) irgendwelche Anstöße geben? Hier geraten wir vielleicht in einen Bereich der Esoterik. Für diesen Begriff gibt es allerdings heute weder im wissenschaftlichen noch im populären Sprachgebrauch eine allgemein anerkannte Definition[37]. Esoterik (von altgriechisch ἐσωτερικός esōterikós ‚innerlich‘, dem inneren Bereich zugehörig‘) ist in der ursprünglichen Bedeutung des Begriffs eine philosophische Lehre, die nur für einen begrenzten „inneren" Personenkreis zugänglich ist, im Gegensatz zu Exoterik als allgemein zugänglichem Wissen. Andere traditionelle Wortbedeutungen beziehen sich auf einen inneren, spirituellen Erkenntnisweg, etwa synonym mit Mystik, oder auf ein höheres, absolutes Wissen.

Klar ist, dass es in den über die definierten physikalischen Bereiche hinausgehenden unerforschten Grenzgebieten (noch) keine Nachweisbarkeit gibt oder nie geben wird.

Zur Wahrheit gehört hier also die Frage: was steckt hinter diesen Wahrscheinlichkeitswellen? Was hat es mit der Potentialität auf sich? Ist der so benannte Bereich etwas Göttliches? Oder eine andere Form von Natürlichkeit, die sich uns noch nicht erschließt? Gibt es Möglichkeiten der Einflussnahme von unserer Seite?

---

[37] https://de.wikipedia.org/wiki/Esoterik, Zugriff 02.08.2019

Oder: Welcher Macht sind wir hier ausgeliefert? Welche Wechselwirkungen gibt es zwischen der Sphäre der Wahrscheinlichkeiten und Möglichkeiten und unserer Realität?

Und wieder die Frage: Was ist Wahrheit?

Philosophen haben sich seit Jahrtausenden mit dieser Frage beschäftigt, so auch der Quantenphysiker Dr. Hans-Jürgen Fischbeck[38], der in seinem 2005 erschienenen Buch „Die Wahrheit und das Leben" die grundlegende Verbindung der Quantenphysik mit Potentialität und Realität umfassend behandelt hat.

Ein Aspekt ist dabei besonders interessant, und zwar der „erfahrungsbezogene Wirklichkeitsbegriff mit seinem Doppelaspekt von Fakten- und Beziehungswirklichkeit, der gedeckt ist durch die Doppelstruktur der Wirklichkeit in der Quantentheorie aus Potentialität und Realität." [39]

Er schreibt: „Es geht also erst einmal um die „weite Landschaft" der Wirklichkeit. Wenn Wirklichkeit alles das ist, was *wir* erfahren können, dann ist gleich erst mal festzuhalten, dass *wir* auf zwei deutlich verschiedene Arten Erfahrungen machen,

---

[38] (Fischbeck 2005)
[39] https://www.fachzeitungen.de/ebook-die-wahrheit-und-das-leben-wissenschaft-und-glaube-im-21-jahrhundert, Zugriff 02.08.2019

nämlich durch Beobachtung (Faktenwirklichkeit) und durch Beteiligung an Kommunikation (Beziehungswirklichkeit). Auch so erfahren wir die Doppelstruktur der Wirklichkeit, die sich quantenontologisch als Doppelstruktur aus *Realität* (= Faktenwirklichkeit) und *Potentialität* erweist, wobei letztere die Bedingung der Möglichkeit von Beziehungswirklichkeit ist."[40]

Dr. Fischbeck erläutert hier konkret die beiden Begriffe Faktenwirklichkeit und Beziehungswirklichkeit, um deutlich zu machen, dass es sich um alltägliche Erfahrungsbereiche handelt. Er erklärt damit, was der Begriff Quantenontologie bedeutet: nämlich das Dasein in einer Welt, die zwar in der *Realität* in der *Fakten-Wirklichkeit* besteht, in der Welt der Elementarteilchen jedoch über quantenphysikalische Vorgänge und Begriffe verstehbar ist. Diese von großen Wissenschaftlern und Begründern der bewiesenen Disziplinen untersuchten und bewiesenen Quantenphysik belegt, dass es einen Bereich gibt, den auch Dr. Fischbeck Potentialität nennt. Dieser Begriff, der bereits mehrfach erläutert wurde und an sich erst einmal nichts anderes als Möglichkeiten bezeichnet, wird von Dr. Fischbeck der *Beziehungs*wirklichkeit zugeordnet.

Wenn wir hier in unseren Alltagsbezügen weiterdenken und auf die Wellenstruktur zurückkommen, über die ich auch schon im Kapitel Quantenphysik berichtet habe,

---

[40] Zitat H.-J. Fischbeck vom 13.10.2018

können wir uns vorstellen, wie unsere Beziehungen in Wirklichkeit in der Realität funktionieren: die Materie, in der wir leben, ist von Wellen durchströmt, und über diese Wellen sind wir verbunden. Das sind Fakten-Wirklichkeit und Beziehungs-Wirklichkeit. Beides ist beteiligt, wenn zwei Menschen sich gegenüber stehen und mit einander sprechen, das heißt: es ist Teil unserer Kommunikation und plötzlich gar nicht mehr so fremd, oder?

Und dann kommt dazu, dass diese Wellen nicht hier unten auf der Erde enden, sondern sie reichen hinauf in das All, ins Universum, und - wer weiß? – manch einer erkennt, dass sie für den einen und anderen zu Gott reichen, der gar nicht weit weg ist, sondern ganz nah. Hier, bei uns, in uns.

Ich denke.

Es ist möglich, über das Denken zum Glauben zu kommen, ohne mit Wissenschaft im Konflikt zu sein.

Aber es braucht nicht unbedingt das Denken, denn die Wahrheit gibt sich uns auch auf anderen Wegen zu erkennen.

Individuelle Wahrheit

Wir alle haben eine eigene Geschichte, eine ganz eigene „innere Wahrheit", die niemand sonst uminterpretieren kann. Sie ist das Fundament, auf dem wir das Haus unseres Lebens Stein für Stein von Kindesbeinen an bauen. Diese Wahrheit zu erkennen, ist eine große, schwere und langwierige Aufgabe, der ich mich gestellt habe. Ich kann nachvollziehen, dass das, was ich hier skizziere, nicht für Andere ohne weiteres verständlich ist. Sowohl Familienaufstellungen als auch Trauminterpretation und Exerzitien sind für die meisten Menschen, die ich kenne, „fremde Welten". Deshalb füge ich auf den Folgeseiten eine kleine fachliche Erläuterung ein zum Thema Familienaufstellung. Ich denke, wer sucht, kann auch diese Wege zur individuellen Wahrheitsfindung nutzen.

Nun also zur Sache:

Gnothi seauton - altgriechisch Γνῶθι σεαυτόν,

„Erkenne dich selbst!"

(Alternativ / meine persönliche Erweiterung) … Ja, mach' dir nur was vor …

Eine kleine Erläuterung zum Thema Familienaufstellung[41]

Mehrfach bin ich durch meinen geistlichen Begleiter, Paul Imhof, gefragt worden, ob ich nicht einmal an Familienaufstellungen teilnehmen wolle. Ich sah aber keinerlei Bedarf und hatte kein Interesse daran. Als ich mit meiner Freundin Renate Schinze – die bereits häufiger an Aufstellungen teilgenommen hatte - tiefer in die Quantenphysik eingestiegen war und wir uns eingehend mit der Verschränkung befasst hatten, stieg mein Interesse daran zu erkunden, ob nicht doch Möglichkeiten bestehen, dass sich zwischen den Teilnehmerinnen und Teilnehmern an Aufstellungen die Informationen über die familiären Beziehungen über physikalische Wege vermitteln könnten. Das war der Grund dafür, doch einmal als Zuschauerin teilzunehmen.

Über das Verfahren als solches habe ich mich erst kürzlich theoretisch im Rahmen der Recherchen über das Thema Wahrheit informiert. Die Methode Familienaufstellung bezeichnet ein Verfahren, bei dem Klienten in der Regel die Klärung einer persönlichen Thematik bzw. Problematik anstreben. Eingangs befragt der Aufstellungsleiter die

---

[41] Informationen über das Thema „Familienaufstellungen" habe ich unter dem Internetlink https://de.wikipedia.org/wiki/Familienaufstellung am 29.07.2019 aufgerufen und hier überwiegend freitextlich eingearbeitet

Aufstellenden zu ihrer Situation, zum System (Gegenwarts- und/oder Herkunftssystem) und zum jeweiligen Anliegen.

In der Seminargruppe werden dann vom Klienten / der Klientin *Stellvertreter/innen* sowohl für den Klienten / die Klientin (dessen eigenes Ich/Fokus) selbst als auch für Mitglieder des Familiensystems und für weitere Betroffene ausgewählt. Diese Stellvertreter werden anfänglich intuitiv durch den Klienten räumlich angeordnet (gestellt), wodurch das erste Bild gewissermaßen das *innere Bild der Relationen des Klienten unbewusst abbildet.*

Das Familienstellen gründet auf der Vermutung, dass innerlich-grundlegende Beziehungen auch innerlich räumlich abgespeichert wirken – je nach Ausprägung funktional bis dysfunktional. Wichtig: Es handelt sich bei Aufstellungen nicht um Rollenspiele! Als Stellvertreter und im Außenkreis wird es möglich, aus der jeweiligen Wahrnehmungsposition gewisse Muster innerhalb jenes Systems erkennen zu können.

„Aus ihrer Position heraus können die Stellvertreter Gefühle und Gedanken entwickeln, die denjenigen der repräsentierten Personen aus dem Familiensystem des Klienten entsprechen. Dieses Phänomen wird als repräsentierende Wahrnehmung bezeichnet. Die Angehörigen des Klienten werden im so strukturierten Raum der Wahrnehmungen gleichsam zu psychisch Anwesenden. Dabei können Verstrickungen (dysfunktionale Systemdynamiken) **erkannt** werden: Beispielsweise Aufgaben, die dem Klienten (unbewusst) aufgebürdet worden sind („Delegation") oder eine dysfunktionale Systemdynamik, die der Klient unbewusst (aus Loyalität und „Stolz" zu Einem aus dem System) ursprünglich selbst (intrinsisch) entwickelte. Unterschiedliche Verstrickungsmuster können bei der Aufstellungsarbeit ersichtlich werden – um aber nicht einer „falschen Fährte" zu folgen, werden bei Familienaufstellungen idealerweise Offenlegungstests zu der vermuteten *Kern-Systemdynamik* durchgeführt; *erst dann* kann in Richtung einer Initiierung einer Lösung weitergegangen werden. Der innere Ablauf klassischer Aufstellungsarbeit stellt sich – falls so vorgegangen wird – in drei Schritten dar:

- Interview mit dem Klienten (zu seiner Symptomatik und zu Ungewöhnlichkeiten in seiner Familie)
- Offenlegung (Testen jeweiliger Kern-Systemdynamik und zur Veranschaulichung von Loyalitätsbezügen)
- **Lösung (initiierende Intervention)**

Neben dem Familienaufstellen in einer Gruppe gibt es auch die Möglichkeit, die räumlichen *Korrelationen* und relationalen Abhängigkeiten unter den Familienmitgliedern figürlich (siehe auch Familienbrett) abzubilden."[42]

---

[42] https://de.wikipedia.org/wiki/Familienaufstellung

Voraussetzungen

Es empfiehlt sich auf jeden Fall, sich vor einer Anmeldung für eine Familienaufstellung bei dem gewählten Anbieter über weitere Voraussetzungen zu informieren.

„Entscheidend für den sinnvollen Verlauf einer Familienaufstellung ist, dass der jeweilige Klient ein ernsthaftes Anliegen hat (Leidensdruck). Die Teilnahme an Familienaufstellungen auch als Stellvertreter setzt im Allgemeinen normale körperliche und psychische Belastbarkeit voraus. Eine Familienaufstellung hat nicht a priori eine psychotherapeutische Wirkung, ebenso wenig wie dies z. B. für ein Gespräch gelten kann. Wenn Familienaufstellungen angeboten werden, so bedarf es im Allgemeinen zur psychotherapeutischen Wirksamkeit noch der fachkundigen Intervention des entsprechend ausgebildeten Aufstellungsleiters. Das Ziel bei der Aufstellungsarbeit (in abgeänderter Variante auch bei Einzelsitzungen) ist nicht generell und a priori ein therapeutisches. Gleichwohl sollte die Tiefenwirkung, die eine Aufstellung haben kann, nicht unterschätzt werden."[43]

---

[43] https://de.wikipedia.org/wiki/Familienaufstellung

Die Aufstellungen, von denen ich hier berichte, habe ich nicht von meiner Seite aus wegen eines Leidensdrucks erlebt. Ich bin hinzugezogen worden im ersten Fall, um – wie gesagt wurde - , ein Experiment zu starten, im zweiten Fall wurde ich als Repräsentantin der Aufstellenden ausgewählt, und im dritten Fall wollten meine Freundin Renate und ich selbst etwas über das Nichts wissen.

Was ich nicht erwartet habe ist, dass sich im Laufe einer längeren Zeit Erkenntnisse daraus ergeben haben – gewissermaßen als Geschenk. Dinge, die uns gegeben werden, können wir auch als Gabe, im christlich-religiösen Sinn formuliert als Gnade verstehen. Aber Vorsicht! Auch sie unterliegen der Möglichkeit der Fehlinterpretation. Familienaufstellungen sind da nach meiner Einschätzung mit Sicherheit ein erheblich schwierigeres Feld als Träume.

Zur Interpretation von Träumen habe ich zum Beispiel keinerlei Bücher, Ratschläge, Hilfsmittel oder Seminare oder Ähnliches in Anspruch genommen. Einzige Ausnahme: die eingefügte Internetrecherche zum Namen Matteo. Aus meiner eigenen Erfahrung heraus hat sich mir einfach so eines schönen Morgens die Bedeutung eröffnet, als Geschenk. Es war der Sinn da, für mich unbezweifelbar, er stand fest und richtig da.

Traum 1

Es träumte mir, ich hätte einige sehr große steinerne Skulpturen geschaffen. Ein Werk stellte ein Paar dar. Mir zugewandt waren es links: ein Mann, rechts die Frau. Glänzender schwarzer Stein, vielleicht Basalt. Was nicht ich gemacht hatte, waren blinkende Lichter (Lämpchen) an allen 4 Brustspitzen und irgendwo zu / an ihren Füßen. Ein Kritiker sprach so etwas wie: „dann ist es ja auch kein Wunder, wenn sie nicht woanders ausgestellt werden."

Vergangenheit und Zukunft (Zeit)
Aufstellung 1:

Ich war nur zum Zuschauen gekommen, um zu sehen, wie eine sog. Dunkelaufstellung läuft. Immerhin arbeitete ich seit Jahren an dem Thema der Verbindung von Quantenontologie und Geist bzw. Glauben, und nachdem ich ein Buch dazu geschrieben hatte, hat mein geistlicher Begleiter, Paul Imhof, den Gedanken aufgegriffen, weiter verfolgt und wollte sehen, ob es in Familienaufstellungen unter der Bedingung, dass die Beleuchtung der Szenen keine visuellen Verbindungen zulässt, ähnliche oder gleiche Ergebnisse für die Teilnehmer bringt wie im Licht.

Es war dunkel, eine große Runde saß im Kreis, ich kannte niemanden außer Steffi und Paul. Er sagte: jetzt wollen wir ein Experiment mit Uschi machen. Stell' doch mal das Ich und das Selbst auf. Ich war ziemlich perplex und wusste gar nicht, wie ich das anstellen sollte, habe dann aber aufs Geratewohl 2 Personen gebeten: 2 Stühle rechts von mir einen großen kräftigen Mann, Akademiker, Hochschuldozent, Bart, für das Ich, 2 Stühle links von mir eine Frau mittleren Alters für das Selbst. Ich habe versucht, „das Ich nach rechts zu denken, das Selbst nach links". Anweisungen irgendwelcher Art habe ich nicht gegeben. Als das Licht wieder anging, zeigte die Schlussszene, dass das Ich das Selbst von hinten umfangen hielt. Paul sagte: das sind Vergangenheit und Zukunft.

Ich hatte das Gefühl, dass das Ich sehr klein war und das Selbst gesucht hat. Dieses Gefühl stimmte überhaupt nicht mit dem Bild überein, das ich sah. Ich selbst war total erschöpft. Schon diese Formulierung, für die ich keine anderen Worte finde, ist eigenartig selbsterklärend. („Ich selbst" = das mit dem Selbst vervollständigte Ego)

Das Ich – Ego in der Zeit –

Mittlerweile habe ich erkannt, dass die intuitive Wahl des Repräsentanten für das Ich kein Zufall war. Immer haben die ausgewählten Repräsentanten etwas mit der aufstellenden Person zu tun. Mein nach außen gerichtetes Ich passte nicht zu mir: – groß getan – klein gewesen.

Blicke ich in die Vergangenheit, sehe ich, dass ich mir früh ein starkes Ich auferlegt habe. Schon als ich Anfang 20 war, sagte ein Freund: Uschi ist ja auch ein halber Kerl… Meine berufliche Basis war 28 Jahre lang die Informationstechnik, seit 1976 lange Zeit fast ausschließlich reine Männerdomäne – für eine Frau in vielerlei Hinsicht damals eine Herausforderung, sich durchzusetzen. Keine intellektuelle Herausforderung, aber Präsenz zusammen mit Kompetenz zu zeigen bedurfte schon einiger Anstrengungen. Aber da musste ich durch… ab und zu trug ich Krawatte…

Und zuhause war Technik immer mein Metier. Künstlerisch habe ich angefangen mit der Steinbildhauerei – immer zuerst das härteste, schwerste. Erst nach der Keramik, die folgte, kamen Papierobjekte, groß, voluminös, danach erst hat sich das wirklich weichere gefunden: Fotografie, die Licht ist, und jetzt schreibe ich.

Das Selbst

Eine nicht beteiligte junge Frau war sehr früh aufgestanden und in die letzte Ecke des Raumes gegangen, weil sie die Wellen, die sich ausbreiteten, wie sie sagte, nicht ertragen konnte.

Meine Repräsentantin berichtete am Schluss, sie habe sich so unendlich wohl gefühlt, als sie einfach auf dem Stuhl sitzenbleiben konnte. Warme Wellen durchpulsten sie, und sie sah sich in einem weiten Raum mit wechselnden wunderschönen Farben, aquarellartig, bis sie dann fast unwillig vom Ich in die Mitte gezogen wurde.

Für mich war ihre Schilderung ein Bild des Universums, durchpulst von Quantenfluktuationen[44]. Ein schönes, ein tröstliches Bild für die Zukunft! Ich trage es in mir, und es ist für mich auch ein Bild für die Potentialität, für die *Vielfalt aller Möglichkeiten*. Sie ist unser Ursprung: daher kommen wir und dahin gehen wir. Mit dieser Potentialität ist unser Selbst verbunden.

Das Selbst ist im Universum. – Wuji er Taiji

---

[44] **in Quantenfluktuationen kann spontan Materie erzeugt werden und vergeht wieder.**

Ursprung
Aufstellung 2:

Ein Wochenende mit mehreren Problemfällen. Meine Freundin Renate war dabei und wurde auch häufig gebeten, Repräsentantin zu sein. Eine Frau, die mir im Verlauf der Zeit recht kompliziert erschien, schilderte kurz ihr Problem. Ich wollte ganz und gar nicht dabei sein, sie aber kam direkt auf mich zu, sah mir in die Augen und zog mich gewissermaßen gegen meinen Willen in die Repräsentanz hinein. Ich wollte nicht, aber ich musste. Dann habe ich Situationen erlebt, die geprägt waren durch Ablehnung, durch Zurückweisung: der Repräsentant ihres Mannes wich vor mir auf dem Boden rutschend in die letzte Ecke an die Wand zurück. Die Aufstellende war sehr christlich gebunden, es waren auch Jesus und der Heilige Geist aufgestellt, die beide einträchtig nebeneinander ruhig in der Mitte saßen. Zu deren Füßen bin ich gelandet, dort wollte ich bleiben. Die gesamte Aufstellung war für mich schrecklich. Ich erinnere mich nicht daran, dass es eine positive Schlussszene gab.

Der folgende Abschnitt zeigt meine Erkenntnis nach 2 Jahren.

Familie

Meine Mutter starb, als ich 14 Monate alt war, bei der Geburt meiner Schwester. Mein Vater war völlig überfordert und hat uns beide zu Verwandten gegeben: meine Schwester zu den Großeltern mütterlicherseits, mich als Pflegekind zur Familie seiner 18 Jahre älteren Halbschwester. Meine Tante war kinderlos und hatte bereits einen Sohn adoptiert, der knapp 10 Jahre älter war als ich. Meine kleine Schwester kam wieder zurück zum Vater, als er seine zweite Frau geheiratet hat und ist in der väterlichen Familie aufgewachsen. Ich aber hatte mit meiner Mutter auch den Vater verloren. Um mich gab es Streit, bei wem ich sein sollte, blieb dann aber bei der Tante als Pflegekind. Während mein Bruder adoptiert war und denselben Familiennamen trug, war meine innere Situation die, dass ich „etwas anderes bin", was schon am Namen erkennbar war. Eine spätere Möglichkeit des Zusammenwachsens mit der väterlichen Familie, in der noch 3 weitere Geschwister geboren wurden, hat es nie gegeben; die Lebensweisen waren sehr unterschiedlich. Für mich war meine Geschichte eine Geschichte von Zurückweisungen. Ich erinnere keine Umarmungen, und wenn ich in den Sommerferien zurück kam vom Besuch bei meiner väterlichen Familie, erinnere ich nicht eine Mit-Freude sondern die Forderung nach Dankbarkeit dafür, dass sie mich aufgenommen hatten. Es war ein schlimmer Zwiespalt, sich nicht freuen zu dürfen sondern dankbar sein zu müssen.

Ich denke heute, meine Pflegefamilie hat mich auch geliebt und war sehr in Sorge um mich, denn ich war auch häufig krank. In mir entstand aber das Gefühl: ich habe keine Familie, ich gehöre nicht wirklich dazu. Das ist auch heute noch so, wenn sich Treffen mit meinen Halbgeschwistern ergeben. Ich werde nicht wahr-genommen, ich bin nicht da. Mit Staunen habe ich erlebt, wie andere Familien miteinander sind.

Ursprung von Familie ist immer die Liebe.

Traum 2

Große hohe Räume, fast leer, alt, abgeblätterte Farbe und ein kleines Mädchen. Ich kümmere mich liebevoll, und wir sind „ein Herz und eine Seele". Später kommt Tante Sophie zu Besuch, sie möchte aber gerne Oma Sophie sein. Es ist alles in Ordnung, und ein lieber schwarzer Hund ist auch dabei. Der Bäcker Matteo[45], der im Haus eine Backstube hat, versorgt alle mit seinen Leckereien.

---

[45] Internet-Recherche / Erläuterung zum Namen Matteo:

(https://www.vorname.com/name,Matteo.html) – Zugriff 18.02.2019 –

Wortzusammensetzung:

- mattath = das Geschenk, die Gabe (Hebräisch); jahwe = (Name Gottes) (Hebräisch)
- mattityah = Gabe des Herrn (Hebräisch)

Bedeutung:

- Gabe Jahwes
- Gabe des Herrn
- Geschenk Gottes

Interpretation

Ich habe mich in diesem Traum um mich selbst als kleines Mädchen gekümmert, und es ist deutlich geworden, dass meine Pflegemutter liebend gerne Oma gewesen wäre. Sie hat einfach auch unter ihrer schwierigen Rolle gelitten, aus der sie vor dem Hintergrund ihrer schweren eigenen Geschichte nicht herauskam. Diese Geschichte kannte ich während meiner Kindheit und Jugend noch nicht; sie hat sie mir erst sehr spät in ihrem Leben erzählt.

Das Haus ist das Haus, in dem Matteo die Seinen versorgt – Gottes Haus.

Damit ist der Kreis geschlossen, und das Tüpfelchen auf dem „I" im realen Leben ist die Trauung, die Reinhard, mein geliebter Mann, und ich nach 32 Ehejahren im Dom zu Lübeck erleben durften.

Erkenntnis der Liebe vor Gott

- Himmelsgeschenk

Ewigkeit
Aufstellung 3

Eine weitere Aufstellung im Dunkeln. Meine Freundin und ich wollten mehr über das Nichts erfahren. Gibt es das Nichts? Gibt es nichts? Es gibt nicht Nichts, oder?

Eine große Runde in einem großen Raum, Dunkelheit. Dass es über das Nichts gehen sollte, wurde in der Runde nicht erwähnt. Es wurden nur ein paar Begriffe verteilt, z.B. „WU" für mich – was bedeutet das? Ich wusste es nicht. Vermutlich wusste das niemand im Raum. Es geschah: Nichts! Meiner Freundin und mir kam das merkwürdig vor, unvollständig, aber: wir wollten etwas über das Nichts wissen. Mir blieben dauerhaft aus dieser Aufstellung nur zwei Worte:

<u>Ich bin.</u>

Nicht mehr und nicht weniger.

Absolut.

Erkenntnis daraus

Nach einigen Monaten kam in der Folge in einer Meditation die Erkenntnis, dass sich das ICH BIN nicht auf mich bezogen hat:

Es war schon damals bei der Frage nach dem Nichts die Antwort Gottes an mich:

Gott spricht:

ICH BIN und deshalb ist nicht NICHTS

und du, Mensch, SEI einfach.

Seitdem kann ich nicht mehr verstehen, warum so viele Menschen Systeme suchen, in denen sie sich selbst und andere in Kategorien einzuordnen versuchen. Sie fragen zum Beispiel: Wer bin ich? Kriegerin? Königin? Lehrerin? Heilerin? Esoterische Symbole, um in einer Typenlehre Seelen zu kategorisieren! Welche Anmaßung!

Mir sagen diese Systeme nichts, ich bin einfach.

Sei einfach – sei einfach!

Ich fühle mich nicht groß, nicht hoch, über all den anderen. Nein, ich bin unten, auf der Basis, ich stehe mit beiden Beinen auf der Erde, und da ist gut Sein.

Manchmal, wenn ich meditiere, empfinde ich wie ein Baum im Frühling, leicht bewegt im Wind. Die Nahrung kommt von unten, aus der Erde, die Kraft kommt von oben, aus dem Geist. Was will ich mehr? Natürlich weiß ich nicht, wie ein Baum im Frühling empfindet, es ist nur eine Metapher zur Beschreibung der Empfindung. Auch dieses zeigt wieder, dass wir der Metaphern bedürfen, um über die wichtigen Dinge, die Grundlagen unseres Daseins, zu kommunizieren. Über Bilder ist es leichter, zu verstehen. Mir geht es jedenfalls so.

Jetzt, also gut 2 Jahre später, lese ich in einem Aufsatz von Simone Brietzke über die Wahrheit im Zusammenhang mit dem Daoismus, dass aus dem Wúji, dem Nicht-Seienden, … „dem Urgrund – dargestellt durch einen leeren Kreis – die Wirklichkeit wird. Aus dieser immanenten Einheit aller Dinge spalten sich die Pole von Yin und Yang auf, dargestellt durch das Taiji-Symbol. Diese beiden Pole sind wertneutral und gleichwertig." Daraufhin habe ich meinen kurzen Absatz im Kapitel „Ur-Grund im Dao - Wúji" in Wikipedia recherchiert und in diese Arbeit eingefügt.

Hier zeigt sich wieder, wie Erkenntnis Wahrheit – nicht: hervorbringt! – sondern: <u>zeigt</u>. Mir wurde in der Aufstellung der Wú zugeordnet. Wie ich jetzt weiß: das Nichts. Es geschah: Nichts – siehe oben -. Die immanente Einheit aller Dinge (leerer Kreis) hat meinen Urgrund gezeigt, und ICH BIN – das ist die Wirklichkeit. Faszinierend, wie sich solche Erlebnisse eröffnen!

Körperliche Wahrheit

Jeder Körper kennt seine Wahrheit.

Die Dantian-Theorie empfiehlt zum Beispiel, Shen (= Geist), Jing (=Vitalität) und Qi (= Energie) zu kultivieren. Dazu dienen die Methoden Qigong und Taiji.

Der Begriff Shen wird auch „belebender Geist" genannt, der in den Blutbahnen zu finden sein soll. Das Jing jedoch ist als materielle Lebensessenz dem Blut entsprechend, das als energetische Grundlage des Lebens sein „Struktiv"-Potential ist. Qi wiederum wird beschrieben als Energie, Atem, Kosmos, alles durchdringend, alles begleitend, was existiert und geschieht, dabei ist es weder physisch noch geistig. Sind Jing, Shen und Qi dasselbe wie Körper, Geist und Seele?

Hierzu ein Beispiel aus meinem Leben: Nach mehreren Jahren mit beruflichem und gesundheitlichem Stress war ich ziemlich „angeschlagen". Ich hatte das Bedürfnis, Taiji zu lernen. Warum ausgerechnet Taiji? Ich weiß es nicht. Aber ich habe schnell einen chinesischen Lehrer gefunden, der mir die 88 Formen des Taiji Chuan Yang-Stil (auch Taijiquan bzw. Schattenboxen = Taiji mit der Faust) beigebracht hat. Nach 9 Monaten habe ich die Formen soweit beherrscht, dass ich mit dem regelmäßigen eigenen Üben beginnen konnte. Aber bereits nach 6 Monaten kam es dazu, dass mir mein Körper klar signalisiert hat, was ich zu meinem Besten tun und lassen sollte. In den 10 Jahren, die ich jetzt schon – wenn möglich – täglich übe, hat sich ein sehr gutes Körperbewusstsein entwickelt. Taiji ist nicht einfach als Sport zu sehen; Taiji ist Meditation in Bewegung und führt auf körperlicher Basis zu Erkenntnissen, die den ganzen Menschen betreffen. Jede Form von Meditation führt uns zur Wahrnehmung von wichtigen Zusammenhängen und bringt uns weiter – körperlich und geistig. Ruhe, Hin-Hören, Still-Sein, Re-Agieren, bewusst atmen: alles das können wir ohne große Mühe und mit großem Nutzen in unser Leben integrieren.

Körper, Geist und Seele agieren bewusst und unbewusst gemeinsam. Wir sollten auf sie hören.

In ihnen wohnt Wahrheit.

Kunst als Ausdruck – ein anderer Weg der Erkenntnis

Mein künstlerischer Weg begann Anfang der 80er Jahre. Begonnen habe ich mit der Steinbildhauerei[46], angefangen vom Ei über reduzierte körperliche Formen zu symbolhaften Darstellungen bis zu einem Tisch auf der formalen Basis eines Säulenkapitells. Meine späteren Arbeiten aus gebranntem Ton mit unterschiedlich bearbeiteten Oberflächen dienten mir zur Darstellung dessen, was ist. Weibliche Gefäße, Torsi, mythische Formen.

Es folgte die fotografische Dokumentation der Arbeiten nach mehrstufiger Metamorphose, dann Rückführung des Materiell-Räumlichen – nicht nur, aber auch aus Platzmangel, letztlich Vernichtung, Auslöschung des Alten durch Abgabe an den Sperrmüll – da wurde es dann im abendlichen Dunkel genommen und fand also letztlich doch noch seine Interessenten.

Der Weg war nicht nur ein abstrakt-analytischer, nur „von außen gedacht", sondern ganz innerliche Entwicklung der aufgehenden Erkenntnis. Wirtschaftlich betrachtet war auch dies eine Geschichte der Zurückweisung, aber ich habe eine Zeit durchlebt, die wunderschön, produktiv und bunt war und mich in meinem Menschsein kontinuierlich

---

[46] Siehe Traum 1

weitergebracht hat. Fast unbemerkt habe ich mich immer wieder und immer weiter an geistliche, geistige, religiöse Themen herangearbeitet.

In erster Linie habe ich Formen des Torsos gewählt, mich also auf Reduktionen und Abstraktionen des Menschlichen konzentriert. Häufig waren es kleine Serien, um ein Thema von mehreren Seiten zu betrachten.

Zu Beginn zeige ich auf der Folgeseite eines der von mir so genannten „Doppelbilder", weil ich auf ihnen aus zwei Fotos, also aus zwei Themenbereichen als Collage ein neues Bild mit neuer Thematik zusammengefügt habe. Die Ursprungsfotos habe ich am 30. Juli 2011 aufgenommen, zusammengefügt habe ich sie nach meiner Erinnerung im Folgejahr, die Bedeutung für mich habe ich erst vor kurzem erkannt: am 07. August 2019. Es ist meine ganz persönliche Wahrheit von der Vergangenheit.

Auf den danach folgenden Seiten sind ältere Keramiken und Papierarbeiten zu sehen.

2011

1994, Torso, Ausbruch des neuen Wesens aus einer sich ablösenden Hülle

Keramik, Blattgold, Bitumen und gefärbtes Seil, HBT ca. 55x40x20 cm

1994, Versuch einer Verbindung, Keramik, Acryl, Wolle, HBT ca. 50x45x20cm

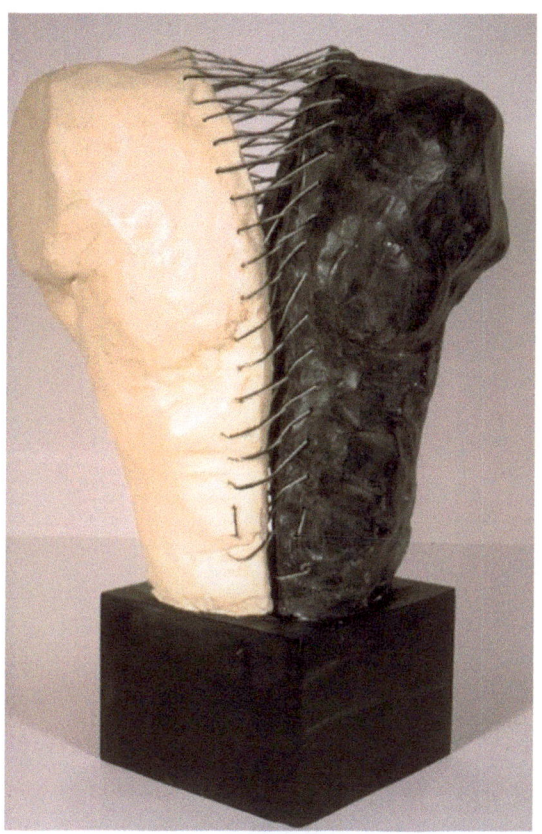

1997, Verletzte Körper, Collagen auf gebr. Ton, HBT je ca. 30x15x15 cm

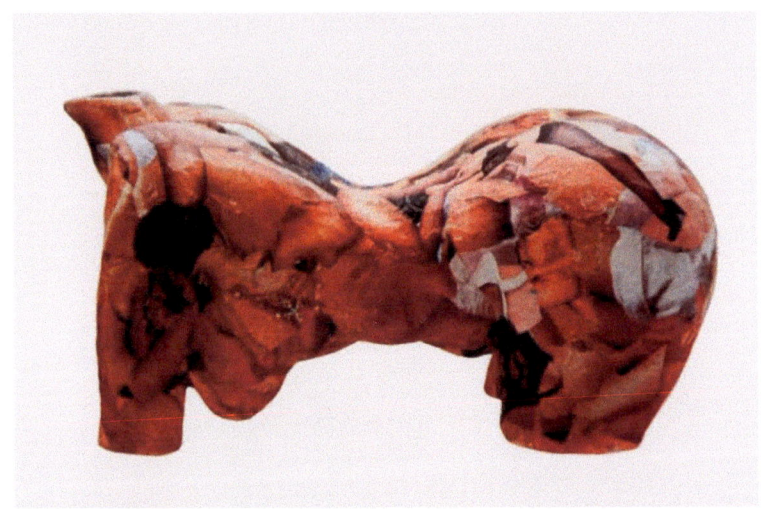

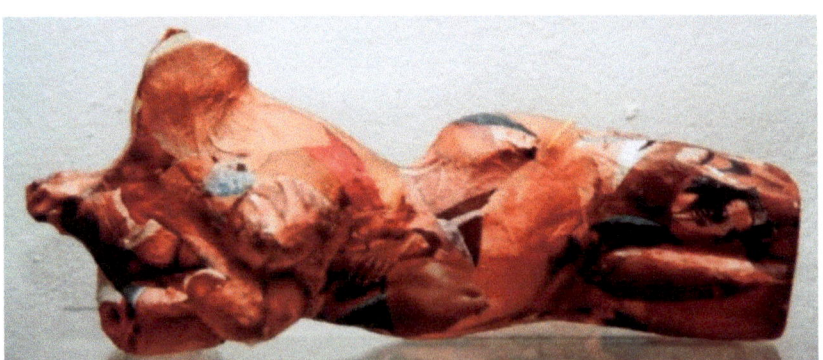

1996

Christus, gebrannter Ton, Acryl

1996, schreiender verletzter Esel, gebrannter Ton, Acryl

1998, Serie von kleinen „Aposteln", zum Beispiel: HBT ca. 8x8x3,5 cm

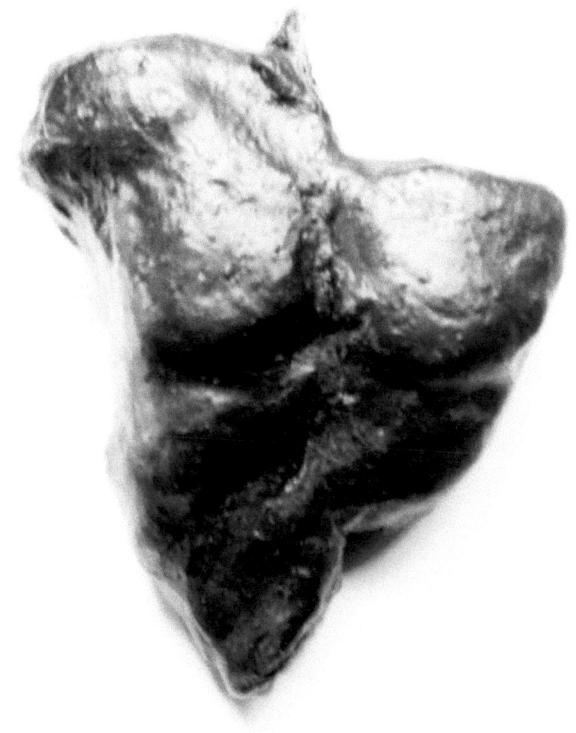

1999, Torso - Collage mit Schöpfungssymbolen, Ludwigsluster Karton aus der ZEIT, Asche, HBT ca. 160x150x60cm, das Fotos zeigt einen beispielhaften Teil der Oberfläche

1999, Stufenweise Metamorphose der Arbeit, Phase 2: gebunden mit gefärbtem Seil, lackiert

1996, Postulate: Serie von larvenartigen Papiertorsi, hohl, denen der nächste Schritt einer Verwirklichung entschlüpfte, biblische Thematik in Gegenüberstellung zu aktuellen sozialen und banalen Tagesthemen

2011 – Wanderweg, C-Druck auf Fotopapier

2011, Wasser + Schlauch, C-Druck auf Fotopapier

Schlusswort

Abgesehen von diversen historischen und philosophischen Bedeutungen von Wahrheit scheint mir, dass es im Hinblick auf das Leben von uns Menschen in erster Linie die jeweils individuelle Wahrheit gibt. Zwischen diesen „Vielen Welten" geschieht Kommunikation. Und es zeigt sich sehr schnell, dass in den verschiedensten Bereichen des menschlichen Zusammenlebens unterschiedliches als Wahrheit erkannt wird.

Auf der Ebene der Kommunikation entscheidet sich immer situativ, ob wir friedlich, aggressiv oder depressiv in die Zukunft gehen. Das und nur das entscheidet, was künftig wahr wird, und das und nur das ist unsere aktuelle Verantwortung, eine wirklich große Verantwortung auch der sog. Kleinen Leute. Jede, jeder, kann die Dinge der Welt mit beeinflussen. Wir können das heute mehr denn je an den sog. „sozialen" Netzwerken beobachten.

Wenn zwei Kontrahenten akzeptieren, dass ihre beiden Standpunkte wahr sein können, ist dies die verbindende Dualität und entspricht der Akzeptanz der großen Potentialität, aus der wir quantenphysikalisch die Realität ableiten können. Das heißt nichts anderes als: wir können die Weichen für die Zukunft stellen. Wenn wir diese Möglichkeit akzeptieren, können wir uns getrost davon leiten lassen, dass es Erkenntnisse gibt, die uns die Wahrheit zeigen.

Wir spüren es an dem Gefühl, dass es stimmt.

Die Wahrheit ist eine Sinfonie: das gesamte Orchester, alle Musiker spielen gemeinsam. Sobald einer meint, er könne seine eigene Sicht der Musik bestimmen, ist die Harmonie gestört, die der Komponist gedacht hat. Der Dirigent letztlich bewirkt den gemeinsamen Klang des Orchesters.

Das ist eine unter allen Wahrheiten. Viele schmerzen, insbesondere wenn wir uns mit unserer individuellen Wahrheit nicht eingebunden sehen in das Ganze.

Bereits in der Einleitung wies ich darauf hin, dass ich weder einen fachlichen Diskurs über Quantenphysik noch philosophische und theologische Grundlagenerwägungen plante. Vielleicht ist es mir ein wenig gelungen, wirklich mein Anliegen, ein allgemeineres Verständnis für die Verbindungslinien zwischen den Disziplinen zu vermitteln. Es würde mich sehr freuen.

Wahrheit zeichnet den Weg aus, den wir gehen, bewusst oder unbewusst.
An der Wahrheit müssen wir uns finden und orientieren, damit unser Lebensweg gelingen kann.

Dank

Es ist so unglaublich wichtig, mit seinen Mitmenschen *wahr*haftig zu kommunizieren. Ja! Und das ist nicht immer einfach, und es ist auch - ehrlich gesagt - nicht mit jedem wirklich ganz wichtig. In vielen Fällen genügt es durchaus, nett und höflich zu sein. Aber je enger wir zusammen leben und je wichtiger wir einander sind, je mehr wir uns schätzen oder auch lieben, desto eher spüren wir es doch auch intuitiv und auch körperlich (das berühmte Bauchgefühl!), wenn etwas nicht stimmt, wenn jemand nicht ehrlich sagt, was er oder sie meint oder wenn ich selbst auf einem falschen Weg bin.

Was nützt es denn, wenn das Manuskript jemand liest und freundlich sagt: ja gut, mach mal? Und es ist ihm eigentlich egal, ob mir womöglich gravierende Fehler passieren?

Ich hatte das große Glück, die schwierige Thematik mit meinem Mann Reinhard Kessel und mit meiner Freundin Renate Schinze sehr intensiv besprechen und durcharbeiten zu können und danke beiden von ganzem Herzen für diese wahrhaft nicht einfache Aufgabe.

Mit wertvollen Beiträgen von Dr. Hans-Jürgen Fischbeck habe ich mich intensiv auseinander gesetzt. Ich danke ihm sehr dafür, dass er mir volle Zitat-Freiheit für dieses Büchlein gewährt hat, die ich nun letztlich doch nicht so weitgehend ausgenutzt habe. Möge er mir bitte meine thematische Selbstbeschränkung nachsehen!

Redaktioneller Nachtrag:

Weil Renate Schinze und ich uns entschlossen haben, aus unserer gemeinsamen Arbeit zur Quantenontologie heraus auch die Hefte, die wir bisher erarbeitet haben, in eine gemeinsame Reihe einzubinden, wird auch dieses Büchlein in seiner überarbeiteten Neuauflage also in der Reihe BlickWinkel als Band 2 eingebunden sein. Vielleicht wird aus dem Quadrat-Format 17x17 cm ja einmal ein informativer Kubus 17x17x17 auf der breit gefassten Grundlage der Quantenphysik. Wir arbeiten daran! Bleiben Sie uns treu, es werden noch einige interessante BlickWinkel für unterschiedlichste Leser*innen-Gruppen folgen.

Ursula Kessel   Lübeck, im Juni 2021

Literaturverzeichnis

Agamben, Giorgio. *Pilatus und Jesus.* Edizioni Nottetempo. Übersetzung: Andreas Hiepko. Berlin: MSB Matthes & Seitz Berlin Verlagsgesellschaft mbH, Göhrener Str. 7, 10437 Berlin, 2014.

Fischbeck, Hans-Jürgen. *Die Wahrheit und das Leben.* München: Herbert Utz Verlag, 2005.

Hawking, Stephen. *Kurze Antworten auf grosse Fragen.* 16. Auflae 2019. Übersetzung: Susanne Held und Hainer Kober. Stuttgart: Klett-Cotta, 2018.

Kessel, Ursula. *Liebe, Agape - bedingungslose Liebe.* Herausgeber: Ursula Kessel. Norderstedt: BoD - Books on Demand, 2018.

—. *Quantensprung in die Ewigkeit.* Herausgeber: Paul Imhof und Markus Tremmel. Bd. 12. Taufkirchen: via verbis verlag, 2016.

Schäfer, Lothar. *Versteckte Wirklichkeit - wie uns die Quantenphysik zur Transzendenz führt.* Stuttgart: S. Hirzel Verlag, 2004.

Schwarz, Günther. *Worte des Rabbi Jeschu.* Wien: Verlagsgruppe STYRIA GmbH & Co. KG, 2003.

Weinreb, Friedrich. *Der göttliche Bauplan der Welt, gekürzte Fassung.* Übersetzung: C. Schumacher. Bern: Origo Verlag Bern, 1978.

Für Notizen